RYAN W. KENNIHAN

De aedibus international

Die Inspirationen und die architektonische Kultur einzelner Architekturschaffender in Europa zu dokumentieren und zusammenzuführen, das ist das Ziel der Reihe *De aedibus international.* So können wir seit 2009 architektonische Brennpunkte der jüngeren europäischen Architekturgeschichte wie etwa London, die Beneluxstaaten, Deutschland, Österreich und Südtirol mit einzelnen Bänden erreichen. Die Reihe wird in ihrer Kontinuität gleichsam zu einem Gedächtnis der Architektur, das die Werke dem Vergessen entzieht. Von allen der mit hohem Qualitätsanspruch ausgewählten Architekturschaffenden werden die wichtigsten Bauten festgehalten, ausführlich dargestellt und dokumentiert. Jeder Band dient auch der Reflexion über den architektonischen Willen, der hinter den Projekten steht. So sind in dieser Reihe bereits etliche namhafte Kritikerinnen und Kritiker aus verschiedenen Ländern zu Wort gekommen.

Der Hauptteil in jedem Band widmet sich dagegen der Welt der Anschauung. So sind jeweils anhand von Bildern und Plänen einige bemerkenswerte Bauten dargestellt, die nicht einer routinierten «Produktion» entsprungen sind. Vielmehr steht hinter jedem Entwurf eine leidenschaftliche Auseinandersetzung mit der Aufgabe und deren Prämissen.

Heinz Wirz
Verleger

De aedibus international

The *De aedibus international* series aims to document and compile the inspirations and architectural culture of individual architects in Europe. Since 2009, we have published individual volumes on hotspots of European architectural history such as London, the Benelux countries, Germany, Austria and South Tyrol. Such continuity allows the series to become a form of architectural memory, ensuring that the architecture is not forgotten. The most important buildings by each of the selected high-quality architects are presented, described in detail and documented. Each volume also serves to reflect upon the architectural motivation behind the projects. Thus the series includes numerous articles by renowned critics from various countries.

However, the core of each book is dedicated to the world of observation. Images and plans present a number of remarkable buildings that are not the result of routine "production". Instead, each design stems from a passionate engagement with the task and its premises.

Heinz Wirz
Publisher

25 De aedibus international

RYAN W. KENNIHAN – Dublin

QUART

JENE DORT ALSO: BESONDERHEIT, ORT UND ZEIT

Lisa Godson

«Ich arbeite mit dem, was der Ort bereits in sich trägt, und versuche, die bestmögliche Architektur aus ihm herauszuholen.»[1]

Lasst uns mit seinem Standort beginnen und dann schauen, wohin uns das führt. Ryan Kennihan arbeitet von einem kleinen, eleganten Raum aus, mit Blick nach Westen über den Mountjoy Square im nördlichen Teil des georgianisch geprägten Stadtkerns von Dublin. Rund um den Platz erstrecken sich über eine Länge von je 140 Metern hohe Reihenhäuser aus rotem Backstein – nach wie vor der vorherrschende Gebäudetypus dieser Stadt, die von einer Skyline aus der Zeit vor dem 20. Jahrhundert geprägt ist. Einige der Häuserfronten sind Nachbildungen längst abgerissener Vorgängerbauten, und der Gesamteindruck ist kohärent, geradezu einheitlich. Alle Gebäude weisen dieselbe Brüstungshöhe auf, doch wird die nahezu martialische Gleichförmigkeit des Strassenbildes durch gewisse Abweichungen in der Fassadengestaltung aufgelockert: durch unterschiedliche Grundstücksbreiten, variierende Tür- und Fensteranordnungen sowie die Art, in der die einzelnen Gebäude gealtert sind. Viele von ihnen wurden ursprünglich von Stuckateuren und anderen Handwerksmeistern erbaut, und hinter ihren nüchternen Fassaden verbergen sich einige der eigenwilligsten Beispiele für Dekorationskunst in Dublin; der Pevsner-Architekturführer zu Dublin bezeichnet diese Stuckarbeiten als «das herausragende Merkmal des Mountjoy Square»[2]. Das ist genau die richtige Kulisse für einen Architekten, dessen Ethos so sehr der Zeit verpflichtet ist und der mit Vielfalt und Serialität, Form und Norm sowie Schlichtheit im Äusseren und Verzauberung im Inneren jongliert.

Kennihan hat ein Gespür für lokale Typologien, ganz gleich, wo diese verortet sind. Das Baltrasna House – ein 200 Jahre altes, in Familienhand befindliches Bauernhaus im Norden der Grafschaft Dublin – teilt sich ein Grundstück mit einem verfallenen Steinhaus und ehemaligen Schuppen und Ställen. In der gleichen Gegend, sogar in derselben Strasse, haben sich andere zeitgenössische Architekturschaffende den traditionellen Gebäuden mit einem schismatischen Ansatz genähert. Ihre grossflächig verglasten Anbauten und Wohnhäuser markieren einen Bruch mit dem Baubestand in jener atemporalen Verweigerung von Kontinuität, die leichter Hand das Gegenwärtige bezeichnet und das Sehen den anderen Sinnen vorzuziehen scheint. Kennihan folgt einem anderen Ansatz: Das von ihm entworfene Haus entspricht mit seiner einfachen Längsform, dem roten Metalldach und den weiss verputzten Wänden den vernakulären Schuppen und Häusern im Hinterland – und damit einem Typus, der in romantischen Darstellungen der irischen Landschaft oft mythologisiert wird.[3] Baltrasana mag insgesamt über ebenso viele Glasflächen wie andere Neubauten verfügen, doch statt massgefertigter Massivholzfenster ermöglichen hier mehrere standardisierte Glastüren sowohl Bewegung und Austausch als auch Sichtbarkeit und Kontemplation. Manch andere Architekturschaffende und Bauherrschaften hätten womöglich versucht, das verfallene Cottage auf dem Bauernhof zu restaurieren, wieder andere hätten es abgerissen oder einen formalen

1 Zitiert nach Yoshio Futagawa, «Alvaro Siza», in: *GA Document Extra*, Nr. 11, 1998, S. 29.

2 Christine Casey, *The Buildings of Ireland: Dublin. The City within the Grand and Royal Canals and the Circular Road* (Pevsner Architectural Guides), Yale 2005, S. 202 (Übersetzung des Zitats: Miriam Seifert-Waibel).

3 Vgl. Tricia Cusack, «A ‹Countryside Bright with Cosy Homesteads›: Irish Nationalism and The Cottage Landscape», in: *National Identities*, Nr. 3/3, 2001, S. 221–238.

THEM THERE THEN: PARTICULARITY, PLACE AND TIME

Lisa Godson

Mountjoy Square, Dublin, 1792–1818
Mountjoy Square, Dublin, 1792–1818

"I go to work with what that place has within it already and try to extract the best architecture possible from it."[1]

Let's start with where he is and look where it takes us. Ryan Kennihan works from a small, elegant room that faces west over Mountjoy Square in Dublin's north inner Georgian core. Each side of the square stretches to 140 metres of tall red brick terraced houses, still the fundamental building type of a city dominated by its pre-20th-century skyline. A few of the house fronts are pastiches of long-demolished predecessors and the overall impression is one of coherence, almost agreement. The buildings all snap to the same parapet height, but the martial uniformity of the streetscape is relieved by the way the individual houses break step across their façades, through varying plot widths, door arrangements, shifting window patterns and the unique ways each building has weathered time. Many of these houses were originally developed by master craftsmen including stuccodori and behind their austere public faces, the interiors bear some of the most individual examples of decoration in Dublin; the Dublin *Pevsner* guide says that this plasterwork is "the outstanding feature of Mountjoy Square".[2] It's an appropriate setting for an architect whose ethos is so attentive to time and who juggles variety and seriality, form and norm, and plain exterior with interior enchantment.

Kennihan is sensitive to such local typologies, wherever that local is. With Baltrasna House, it's a 200 year-old family farm in North County Dublin, on a site with a derelict stone cottage and discarded sheds and stables. In the same area, even on the same road, other architects have taken a schismatic approach to traditional buildings. Their expansively glazed extensions and dwellings assert a rupture with the existing fabric in that atemporal refusal of continuity that easily signifies the contemporary and seems to privilege sight over other senses. Kennihan has a different approach, as the house he has designed shares the simple longitudinal form, red metal roof and white rendered walls with the vernacular sheds and houses of its hinterland, correlating to a type that is much mythologised in romantic accounts of the Irish landscape.[3] At Baltrasna, maybe the same overall quantity of glass is used as with other new-builds, but instead of massive bespoke windows, it is deployed through multiple standardised glazed doors to the outside, affording movement and interchange as well as visuality and contemplation. Some architects and clients might have attempted to restore the ruined cottage on the farm, others to demolish it or others to declare a formal counterpoint to it, whereas here the structure has been retained and the new house built directly abutting it in an action that seems both casual and judicious.

1 Cit. Alvaro Siza in Yoshio Futagawa: *Alvaro Siza: GA Document Extra 11*, 1998, p. 29.

2 Christine Casey: *The Buildings of Ireland: Dublin. The City within the Grand and Royal Canals and the Circular Road*, 2005, p. 202.

3 Tricia Cusack: "A 'Countryside Bright with Cosy Homesteads': Irish Nationalism and The Cottage Landscape". In: *National Identities*, No. 3/3, 2001, p. 221–238.

Kontrapunkt dazu gesetzt. Kennihan jedoch hat die Struktur beibehalten und das neue Haus direkt daneben gebaut, was ebenso zwanglos wie umsichtig erscheint.

Die einzelnen Elemente im Baltrasna House wirken formal schlicht, doch der häusliche Archetyp und sein Nachfolger stehen in einer komplexen Beziehung zueinander. Die Baumaterialien des ursprünglichen Hauses, das nun ohne Dach daherkommt und von gestrichenen Wänden sowie anderen Dingen des häuslichen Lebens befreit ist, werden auf charakteristische Weise auf sich selbst zurückgeführt. Sie werden in ihrer Eigenschaft als Bestandteile eines Hauses überhöht und zum Provisorium gemacht, ihr Zusammentreffen als Teil der Konstruktion war nur eine Phase im Lebenszyklus dieser Stoffe, die zufällig zu einem Zeitpunkt zusammengebracht und zu einer Behausung arrangiert wurden, sich nun aber langsam aus dieser Konfiguration lösen. Der Bewohnerschaft des neuen Hauses, deren Sinne – Sehsinn, Hörsinn – und Körper durch die verglaste Schlafzimmertür direkt zu den Ruinen gelenkt werden, leuchtet das alles absolut ein. Die einzelnen Steine, Stürze und verrottenden Hölzer stehen nun deutlicher in Wechselwirkung mit anderen Kräften: mit dem Wetter, den Chemikalien, Vögeln, Säugetieren, Pilzen und den Pflanzen, zwischen den Steinen und um sie herum angesiedelt haben. Kennihan hat dieses Haus also nicht nur im Hinblick auf eine Festlegung von Räumen, Formen, Bauweisen und Oberflächen gestaltet, sondern auch besonders fruchtbare Bedingungen für das Gesamtgefüge geschaffen. In diesem Sinne ist das Wirken der Dinge an diesem Ort, in den Worten von Karen Barad, «aus seiner traditionellen humanistischen Umlaufbahn herausgelöst»[4]. Das soll nicht heissen, dass der Gestalter keine Rolle spielt, sondern dass Kennihan hier sowohl meisterhaft neue Gebäude erschafft als auch in einsichtigem Einklang steht mit dem Bestand und den noch unbekannten künftigen Veränderungen.[5]

Im Inneren des Hauses hat der weiche Mörtel, mit dem die Betonwände geschlämmt sind, jede Fuge etwas anders geprägt, sodass selbst diese scheinbar identischen Module jeweils individuell sind und eine Art Geschichte haben. Das ist eine sparsame Möglichkeit, um einer noch so einfachen Konstruktion Textur und Spannung zu verleihen, und den einfachen Tektoniken wohnt bei Kennihan oftmals eine affektive Kraft inne. Sie resultiert zumeist in einer unerwarteten Plastizität, die sich in der Regel durch die Deckengestaltung ergibt: im Falle des Baltrasna House etwa durch die zeltartige Struktur im Wohnraum; in Kenilworth Park durch ein wellenartiges Tonnengewölbe und im Gemeindezentrum Vita House in Roscommon durch den extravagant gewölbten Raum, der sich unter einer bescheidenen, recht alltäglichen Hülle verbirgt. Interessant an diesen Decken sind dabei weniger ihre formalen statischen Eigenschaften, sondern vielmehr die dynamischen Veränderungen des Lichts im Laufe eines Tages und der Jahreszeiten. Es ist eine andere Art, der Zeit Raum zu geben.

Kennihan bedient sich lokaler Konventionen, die über das ikonische traditionelle Cottage hinausgehen, und er verwendet sogar verpönte Materialien, wenn diese typisch sind für die Umgebung. Das ist eine Tendenz, die wir auch bei anderen Gestalterinnen und Gestaltern seiner Generation beobachten können, die grosse architektonische Gesten zugunsten einer Beschäftigung mit alltäglicheren Dingen meiden. Bei der Erweiterung eines Hauses in Marino Park, wenige Kilometer nördlich der Stadt Dublin, liess sich der Architekt von der Farbpalette und der Bausubstanz im unmittelbaren Umfeld leiten – einer Gartenstadt aus den 1920er Jahren – und verwendete den

4 Karen Barad, «Posthumanist Performativity: Toward an Understanding of How Matter Comes to Matter», in: *Signs. Journal of Women in Culture and Society*, Nr. 3, 2003, S. 801–831, hier: S. 826 (Übersetzung des Zitats: MSW).

5 Siehe auch Douglas Spencer, «Going to Ground: Agency, Design and the Problem of Bruno Latour», in: *Critique of Architecture: Essays on Theory, Autonomy, and Political Economy*, Basel 2021, S. 150–160.

The individual elements have a formal simplicity here, but the domestic archetype and its successor co-exist in a complex relationship. Now roofless and cleared of painted surfaces and the other things of ordinary domestic life, the building materials of the original cottage have distinctively returned to themselves. Their identity as elements of a house is exceeded and made provisional, their gathering as part of the structure was a phase in the lives of these substances that happened to be brought together at one time and organised to make a dwelling, but are now slowly disentangling from this configuration. It's all highly sensible to the inhabitants of the new house whose glazed bedroom door leads eyes, ears and bodies directly to the ruins, where the agency of the individual stones, lintels and decaying timbers is now more legibly a matter of intra-acting with other forces – weather, chemicals, birds, mammals, fungi and the plants that have settled between and around the stones. So while Kennihan has designed this house in the sense of specifying the spaces, forms, construction methods and finishes, he has also set up particularly generative conditions for the overall assemblage. In this sense, the agency of things in this place is "cut loose from its traditional humanist orbit".[4] That's not to flatten the agency of the designer, but to suggest Kennihan's practice here is both masterly in creating new buildings and in accepting solidarity with what is already there and the unknown changes to come.[5]

Baltrasna House, Neubau eines Landhauses, Dublin, 2020

Baltrasna House, new-build rural house, Dublin, 2020

Inside the house, the soft mortar washing of the concrete block walls has caught each joint slightly differently, so even these seemingly identical modules are individualised and have a history of sorts. It is an economic way to give texture and interest to the most basic construction, and simple tectonics often have affective force in Kennihan's work. This works off a plasticity which is usually unexpected, and usually achieved through ceiling design: at Baltrasna, it is in the tenting in the living space, at Kenilworth Park through an undulating barrel vault and at Vita House Community Centre in Roscommon, an extravagantly domed space encountered within a modest, workaday envelope. As ceilings, interest comes not through their static formal qualities, but lies in the shifting dynamics of light over the course of days and seasons. It is another way of admitting time.

Kennihan's use of local conventions extends to more demotic stock than the iconic traditional cottage and even includes derided materials, if that's what is most particular of the setting. This is a tendency we see among other designers of his generation who have eschewed grand starchitectural gestures for an engagement with more mundane stuff. For an extension to a house in Marino Park a few kilometres north of Dublin city, the architect was cued by the palette and fabric of its situation in a 1920s Garden City scheme and used the simple plaster banding and generally unloved pebbledash that covers the surrounding houses. Kennihan has described his approach as creating buildings that are "good neighbours" and is mindful that his domestic clients are not only individual households, but also the wider community and even the materials themselves. If Louis Kahn's brick famously told him "I like an arch" when asked "what do you want?",[6] one can imagine that this modest grey pebbledash (a material

4 Karen Barad: "Posthumanist Performativity: Toward an Understanding of How Matter Comes to Matter. In: *Signs: Journal of Women in Culture and Society* 28 (3), 2003, p. 801–831, here p. 826.

5 See also Douglas Spencer: "Going to Ground: Agency, Design and the Problem of Bruno Latour". In: *Critique of Architecture: Essays on Theory, Autonomy, and Political Economy*, 2021, p. 150–160.

6 Wendy Lesser: *You Say to Brick: The Life of Louis Kahn*, 2017, p. 5.

einfachen Putz und allgemein unbeliebten Waschbeton der umliegenden Häuser. Kennihan beschreibt seine Herangehensweise als ein Entwerfen von Gebäuden, die «gute Nachbarn» sind. Er ist sich bewusst, dass seine Bauherrschaften nicht nur die jeweiligen Haushalte sind, sondern auch eine grössere Gemeinschaft und sogar die Materialien selbst. Wenn Louis Kahns Ziegelstein auf die Frage, was er sich wünsche, bekanntlich antwortete «einen Bogen»[6], so kann man sich vorstellen, dass dieser bescheidene graue Kiesel (ein Material, das eigentlich eher anhaftet als strukturell grundlegend ist) ziemlich glücklich darüber war, eine neue Wand im Verbund mit dem Rest der Strasse zu bilden. Dieser Respekt vor Besonderheit steht im Mittelpunkt von Kennihans Ethos (im alten wie im neuen Wortsinne) und wird mehr noch als früher durch eine umfassendere Wertschätzung der verschiedenen Gebäudetypen in Irland unterstrichen. Das altgriechische Wort *ethos* (ἦθος) wird zwar oft im Sinne von Charakter oder moralischer Veranlagung verstanden, bezeichnete aber ursprünglich gewohnte Orte[7] – Homer spricht von dem Lebensraum der Pferde als ihrem *ethos*[8]. Der Begriff Ethos bezeichnet also die Fähigkeit, auf eine Situation zu reagieren, und etwas, das «durch das Zusammenspiel von Gleichheit und Verschiedenheit» entsteht, wobei Ethos «Wissen, das Bewusstsein für sich selbst und andere, die Unterscheidung zwischen den Dingen» umfasst.[9]

Die Art und Weise, wie Kennihan auf den Gebäudebestand und dessen unmittelbaren Kontext eingeht, hat nichts mit Nachahmung oder einer möglichst unauffälligen Einfügung zu tun. Seine Eingriffe sind nicht nur mit ihren Nachbarn vereinbar, sondern formulieren vielmehr aus, was diese Nachbarn zu dem macht, was sie sind – und bestätigen damit Donna Haraways Beobachtung: «Es kommt darauf an, mittels welcher Materialien wir andere Materialien mitdenken [...] es kommt darauf an, welche Knoten Knoten knüpfen, welche Gedanken Gedanken denken, welche Beschreibungen Beschreibungen beschreiben, welche Verbindungen Bindungen schaffen.»[10] Manches Mal wird die Besonderheit der gebauten und natürlichen Umgebung durch eine dramatische Betonung hervorgehoben und werden nicht nur die Gebäude, die Kennihan entwirft, sondern auch die Orte, an denen er sie entwirft, re-materialisiert. Beim Beach Road House im bekanntermassen regnerischen Galway geschieht dies durch den dramatischen Einsatz grosser roter Dachrinnen und Gullys, wodurch das Zusammenspiel von Wetter und Struktur und Zeit zum Ausdruck kommt und überhöht wird. Das erfährt auch die Bewohnerschaft des Hauses, die das Spiel des Regens um das Haus auf verschiedene Weise geniessen kann. Hier beruht das «Nachbarschaftliche» der Architektur nicht nur auf der Form, den verwendeten Materialien und der Farbpalette. Es liegt in der Kraft der Reaktion auf die Elemente, denen alle in dieser Umgebung ausgesetzt sind: Gebäude, Menschen, Tiere und das Land. Das Haus ist eine eigenständige Einheit, die jedoch in dynamischer Verbindung mit ihrer Umgebung steht. Anstelle der üblichen diskreten Methoden, Niederschläge an Gebäuden abzuleiten, wie es bei den umgebenden Bauten der Fall ist, verwandelt Kennihan die *Infra*struktur mit seinem Regenwassersystem in eine *Supra*struktur – «offen und sichtbar; über den Bereich der blossen Nützlichkeit hinausgehend, als Symbol des Unvorhersehbaren und Flüchtigen.»[11] So wird die

6 Vgl. Louis I. Kahn, *Die Architektur und die Stille*, Basel 1993.

7 Todd S. Frobish, «An Origin of a Theory: A Comparison of Ethos in the Homeric ‹Iliad› with that Found in Aristotle's ‹Rhetoric›», in: *Rhetoric Review*, Nr. 1, 2003, S. 16–30.

8 Homer, *Ilias. Neue Übertragung von Wolfgang Schadewaldt*, Frankfurt am Main 1975, S. 110 (VI. 507–512).

9 Thom van Dooren / Deborah Bird Rose, «Lively Ethography: Storying Animist Worlds», in: *Environmental Humanities*, Nr. 1, 2016, S. 77–94, hier: S. 80 (Übersetzung der Zitate: MSW).

10 Donna Haraway, *Staying with the Trouble: Making Kin in the Chthulucene*, Durham 2016, S. 12 (Übersetzung des Zitats: MSW).

11 Ulrika Trovalla / Eric Trovalla, «Infrastructure turned suprastructure: Unpredictable materialities and visions of a Nigerian nation», in: *Journal of Material Culture*, Nr. 1, 2015, S. 43–57, hier: S. 54 (Übersetzung des Zitats: MSW).

Marino Park House, Erweiterung und Renovierung eines Hauses, Dublin, 2018
Marino House, extension and refurbishment of house, Dublin, 2018

that is essentially adherent rather than structurally fundamental) was pretty happy to surface a new wall in close companionship with the rest of the street. This respect for particularity is central to Kennihan's ethos, in both the old and new sense, and supported by a broader appreciation of different building types in Ireland than previously. Although often taken to mean personal character or moral disposition, the archaic Greek word ethos (ἦθος) originally meant "customary place"[7] – Homer speaks of the habitat of the horses as their ethos.[8] And so it entails a response-ability to situation and something that arises "through the interplay of sameness and difference", with ethos involving "knowledge, sense of self and other, discernment among kinds".[9]

The way Kennihan works with extant buildings and their immediate context is not through pastiche or in such an unvariegated way that they just "blend in". In fact, they're not only agreeable with their neighbours, but also help articulate what makes those neighbours the way they are, affirming Donna Haraway's observation that, "it matters what matters we use to think other matters with … it matters what knots knot knots, what thoughts think thoughts, what descriptions describe descriptions, what ties tie ties."[10] Sometimes, the specificity of the local built and natural environment is enunciated with dramatic emphasis and not only the buildings Kennihan designs, but also the places he designs them in are re-materialised. In Beach Road House in famously rainy Galway, this is through the dramatic use of big red gutters and gulleys, so the co-substantiation between weather, structure and time is expressed and aggrandised. It is also experienced by the house's inhabitants who get to enjoy the play of rain around the house through different modalities.

Here, the "neighbourliness" of the architecture is not just the form, materials and palette. It's in the vigour of the response to the elements that all entities share in this environment – buildings, people, animals and land. The house is a single entity, but in dynamic communion with its milieu. Instead of the usual, discreet methods used to draw precipitation away from building in the surrounding buildings, through his rainwater arrangements he turns *infra*structure into *supra*structure: "above and visible; transcending the realm of mere utility, signifying the unpredictable and elusive."[11] As such, it draws attention not discretely to the rain or the architecture but the way the weather has influenced the surrounding environment over time as a force in dialogue with other agents, such as the architect, the builder, the materials and the inhabitants. As Jonathan Hill notes in his book on the agency of weather in architecture, in French *temps* means both time and weather: "while in Greek *kairos* is the weather and qualitative, momentary time in contrast to *chronos* which is quantitative, sequential time."[12] This interplay of weather and time is part of the pattern of experience at Beach Road House, but of course all architects and buildings operate across multiple temporalities and contingencies: as Jeremy Till notes in recommending that architects should reckon with different times,

7 Todd S. Frobish: "An Origin of a Theory: A Comparison of Ethos in the Homeric 'Iliad' with that Found in Aristotle's 'Rhetoric'". In: *Rhetoric Review* 22 (1), 2003, p. 16–30.
8 *Iliad*, 6.511.
9 Thom van Dooren, Deborah Bird Rose (2016) "Lively Ethography: Storying Animist Worlds". In: *Environmental Humanities* 8 (1), 2016, p. 77–94, here p. 80.
10 Donna Haraway: *Staying with the Trouble: Making Kin in the Chthulucene*, 2016, p. 12.
11 Ulrika Trovalla and Eric Trovalla: "Infrastructure turned suprastructure: unpredictable materialities and visions of a Nigerian nation". In: *Journal of Material Culture* 20 (1), 2015, p. 43–57, here p. 54.
12 Jonathan Hill: *Weather Architecture*, 2012, p. 321.

Aufmerksamkeit nicht nur auf den Regen oder die Architektur gelenkt, sondern auch darauf, wie das Wetter die Umgebung im Laufe der Zeit als eine Kraft im Dialog mit anderen – dem Architekturschaffenden, der Bauherrschaft, den Materialien und der Bewohnerschaft – beeinflusst hat. Wie Jonathan Hill in seinem Buch über die Rolle des Wetters in der Architektur festhält, bedeutet das französische *temps* sowohl Zeit als auch Wetter, während das griechische *kairos* das Wetter und die qualitative, momentane Zeit bezeichnet, im Gegensatz zu *chronos*, das für die quantitative, sequenzielle Zeit steht.[12] Dieses Zusammenspiel von Wetter und Zeit ist Teil des Erfahrungsmusters im Beach Road House, aber natürlich agieren alle Architekturschaffenden und Gebäude im Rahmen vielfältiger Zeitlichkeiten und Zufälligkeiten: So vermerkt Jeremy Till in seiner Empfehlung, dass Architekturschaffende mit verschiedenen Zeiten kalkulieren sollten, dass das Wetter zwar bezüglich der aufeinanderfolgenden Jahreszeiten vorhersehbar sei, diese Regelmässigkeit aber ständig durch «kurzfristige Unwägbarkeiten (… einen Altweibersommer), momentane Ereignisse (… dieser plötzliche Regenguss) und langfristige Muster (… die globale Erwärmung)»[13] gestört werde.

Zurück am Mountjoy Square sind wir nur einen kurzen Spaziergang von der Henrietta Street entfernt, wo Kennihan gerade eine neue Baugenehmigung für die Erweiterung eines der Häuser aus dem frühen 18. Jahrhundert erhalten hat – zwölf Jahre nachdem er den Auftrag in einem offenen Wettbewerb gewonnen hatte. Es ist ein besonders sensibler Ort. In den 1720er Jahren kündeten die riesigen, nüchternen Villen dieser Strasse von einem neuen Modell urbaner Grandezza in Dublin; doch obschon weitgehend erhalten, ist ein Grossteil der Bausubstanz dermassen heruntergekommen, dass die Strasse eine beliebte Film- und Fotokulisse für die Darstellung herrschaftlichen Verfalls ist. Kennihans Entwurf wird die Gebäudereihe, die er abschliesst, wieder vervollständigen und eine neue Beziehung zwischen der gewölbten abschliessenden Wand und einem späteren Anbau am anderen Ende der Strasse schaffen. Einmal mehr geht es ihm nicht darum, den reinen Ausgangszustand nachzuahmen, sondern darum, den kontingenten Charakter und das generative Zusammenspiel geformter Materie, die ein Ort bereits in sich trägt, greifbar zu machen.

Der Park im Zentrum des Mountjoy Square unterscheidet sich deutlich von den Gärten der vornehmen georgianischen Plätze im Süden der Stadt. Diese sind formeller angelegt und werden hauptsächlich von Büroangestellten genutzt oder sind nur Leuten, die einen Schlüssel haben, zugänglich. Mountjoy ist der einzige Platz in Dublin, dessen Grundriss tatsächlich einem perfekten Quadrat entspricht, aber seine Nutzung ist alles andere als formell. Hier finden sich ein Spielplatz, eine Kindertagesstätte und ein Basketballplatz, und selbst im trüben November strotzen die Grünflächen vor Leben: Teenager küssen sich, Kinder spielen Fussball, eine Zigarette wird geteilt, Busfahrerinnen und Busfahrer machen Pause. Es wird geliebt, geplaudert, gewetteifert und getobt. Wie bei Kennihans Gebäuden handelt es sich hier um einen Ort der Vielfalt und Entropie, die Elemente werden auf unvorhersehbare und rätselhafte Weise zusammengebracht und katalysiert.

12 Vgl. Jonathan Hill, *Weather Architecture*, London / New York 2012, S. 321.
13 Jeremy Till, *Architecture Depends* Cambridge, Mass. 2009, S. 93 (Übersetzung des Zitats: MSW).

Sallymount Terrace, Erweiterung und Renovierung eines Hauses, Dublin, 2011
Sallymount Terrace, extension and refurbishment of house, Dublin, 2011

while weather is predictable in terms of sequential seasons, this regularity is, "continually disturbed by short-term uncertainties (... an Indian summer), instant events (... that sudden downpour), and long-term patterns (... global warming)."[13]

Back in Mountjoy Square, we're a short walk from Henrietta Street, where Kennihan has just received renewed planning permission to extend one of the early-18th-century houses, 12 years after winning the commission through an open competition. It's a sensitive place. In the 1720s, the street's huge, stark villas proclaimed a new model for urban grandeur in Dublin and while almost intact, much of the building fabric is dilapidated to such an extent that it is a favoured film or photography set for denoting stately decline. Kennihan's scheme will knit back the terrace it terminates, creating a new relationship of arcuated end-wall with another later addition at the other end of the street. Once more, his approach to what a place "has within it already" is not to emulate some purist originary moment, but to materialise the contingent and generative networks of shaped matter.

In Mountjoy Square, the park that sits at its centre is markedly different to the gardens of the more patrician Georgian squares in the south of the city. Those ones are more formally arranged, and mainly used by office workers, or accessible only to keyholders. Mountjoy is the only square in Dublin whose dimensions are in fact a perfect square, but its use is far from formal. Here, there's a playground, a day-care centre, a basketball court and even in gloomy November, the grassy spaces are filled with all sorts of life and lives: teenagers are kissing, children are playing football, friends are smoking, bus drivers are taking a break. There's love, chat, competition and rascality. As with Kennihan's buildings, it's a place of multiplicity and entropy, of elements brought together and catalysed in unpredictable and enigmatic ways.

13 Jeremy Till: *Architecture Depends*, 2009, p. 93.

BEACH ROAD HOUSE, GALWAY

Connemara ist ein windgepeitschter, rauer und unendlich schöner Landstrich. Die landläufige Redewendung «vier Jahreszeiten an einem Tag» bezieht sich auf das omnipräsente Wetter, das ebenso zehrend wie belebend sein kann – und dabei Tag für Tag ein sich ständig veränderndes, aussergewöhnliches Licht- und Farbenspiel hervorbringt. Wenn man in Richtung Westen reist und die Stadt Clifden hinter sich gelassen hat, gelangt man an die Atlantikkünste. Hier macht sich das Gefühl breit, das Ende der Welt erreicht zu haben. «Hic sunt dracones»[1].

An diesem erhabenen und stürmischen Ort haben wir ein Haus gebaut, das ein Zufluchtsort vor den Elementen ist, diese zugleich aber auch feiert. Breite, überhängende Traufen verleihen dem Gebäude etwas Beschützendes. Die robusten tragenden Betonscheiben halten sowohl dem Gewicht der Dächer als auch der Kraft des Windes stand. Trotzdem reagiert das Gebäude auf das Wetter. Die Betonelemente halten die Dachrinnen ein Stück unterhalb der Traufe, um dem Regen Raum zu geben: Man kann die Rinnsale vom Wellblech fallen sehen. Zudem sind in ihnen auch die Fallrohre verborgen, welche den Regen in zwölf einzigartigen Rinnen ableiten. Das Gebäude ist in Form und Material an die landestypische Bauweise angelehnt. So weist es etwa die bei vielen ländlichen Gebäuden erst nachträglich eingesetzten Stützmauern auf und bezieht sich auf das Russborough House, bei dem jegliche Form von Regen zelebriert wird. Das Haus ist ein Hort der Gleichzeitigkeit – es ist sowohl alt als auch neu, sowohl gewöhnlich als auch aussergewöhnlich, gleichermassen vertraut wie ausgefallen.

Die schlanke, filigrane innere Struktur bildet einen Gegensatz zum muskulösen Äusseren aus Beton. In der grossen Diele entfaltet sich ein Spiel zwischen der eleganten tektonischen und der abstrakten Ebene, zwischen geschwungener Form und Linearität, zwischen Wiederholungen und singulären Elementen. Die gewölbten Wände evozieren das Bild eines Zufluchtsortes und formen gleichzeitig einen Raum zum Essen und einen Raum für Lebensmittel. Der Kamin, der dem Raum Halt verleiht, ist aus demselben Stein gefertigt wie die Mauern auf den umliegenden Feldern. Damit spielt er auf die landwirtschaftliche Vergangenheit des Ortes an.

Letztendlich sagen die Eigentümer, dass sie diesen «sicheren Hafen« am meisten bei Regenwetter geniessen, denn dann wird das Haus lebendig.

1 Der in alten Seekarten verzeichnete lateinische Vermerk «Hic sunt dracones», zu Deutsch «Hier sind Drachen», diente als Warnung vor noch unerkundeten und womöglich gefährlichen Gebieten.

Connemara is a windswept, roughhewn, and endlessly beautiful landscape. The commonly heard phrase, "four seasons in a day" speaks to the ever-present weather that can be both debilitating and invigorating, but also creates a perpetually changing and extraordinary display of light and colour each day. Travelling west and leaving behind the town of Clifden, one arrives at the shores of the Atlantic and the distinct feeling of being at the edge of the earth takes hold. "Hic sunt dracones."[1]

In this sublime and tempestuous place, we have made a house that is both a sanctuary from and a celebration of the elements. Wide, overhanging eaves spread a feeling of shelter around the building. Robust concrete buttresses resist both the thrust of the roofs and the rush of the wind. Yet the structure is responsive to the weather. The buttresses hold the gutters down from the eaves to open up a space for rain, where one can see the rivulets fall from the corrugated steel. They also contain within them the downpipes, discharging the rain into twelve unique gulleys. The building resonates with vernacular form and material, with the common post-facto abutments found in many rural buildings, and with the "ride" at Russborough House, where every turn of the rain is celebrated. The house is replete with simultaneity – it is both old and new, ordinary and sublime, familiar and unusual.

The slender and delicate internal structure is the counterpoint to the muscular external concrete. In the large hall, there is a play between this elegant tectonic and the abstract plane, between the curved form and the linear, between the repetitive and the singular. Bowed walls evoke the idea of sanctuary while making a space for storing food. The fireplace anchors the room and is made from the same stone as the surrounding field walls, recalling its agricultural past.

In the end, the owners say they enjoy this "safe harbour" most when it is raining, because it is then that the house comes alive.

1 Old nautical charts used the Latin warning "Hic sunt dracones", meaning "There are dragons here", to denote uncharted and possibly dangerous regions.

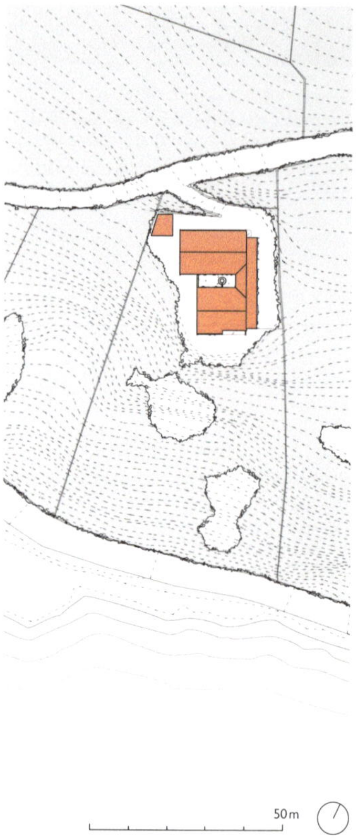

Projektdauer: 2015–2020
Projektteam: Colin Mac Suibhne, Jarek Adamczuk, Laura Carroll
Bauunternehmen: Sean Burke Construction
Holzbauunternehmen: Matthew O'Malley Timber
Ingenieurbüro: John Britton Consulting Engineers

Project duration: 2015–2020
Team: Colin Mac Suibhne, Jarek Adamczuk, Laura Carroll
Contractor: Sean Burke Construction
Timber contractor: Matthew O'Malley Timber
Engineer: John Britton Consulting Engineers

5 m

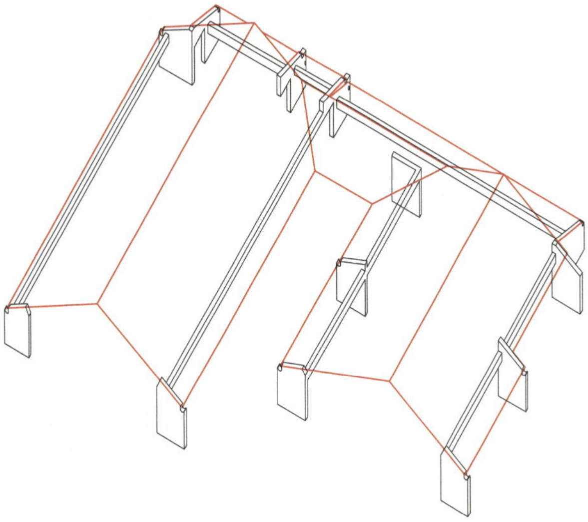

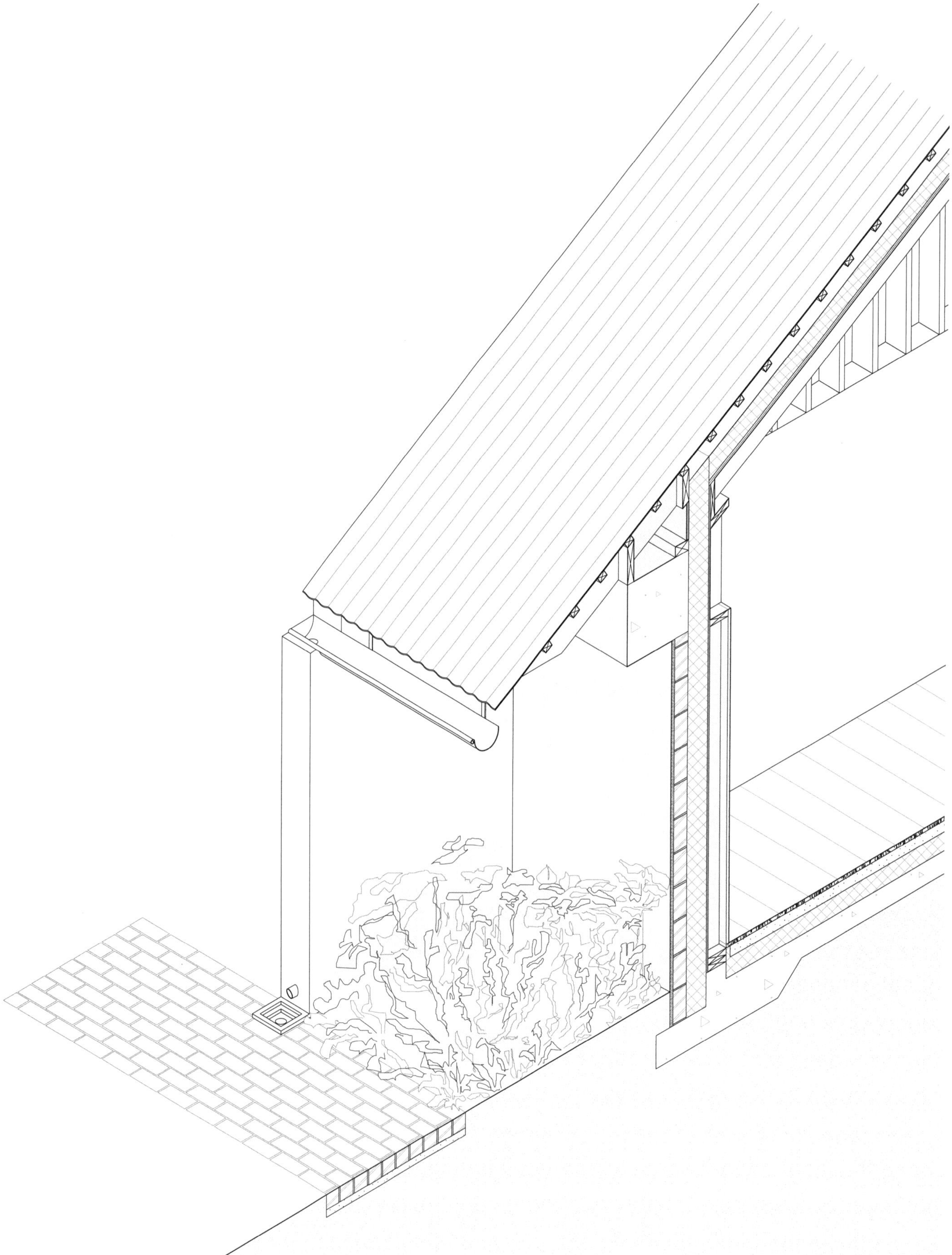
1m

5m

5 m

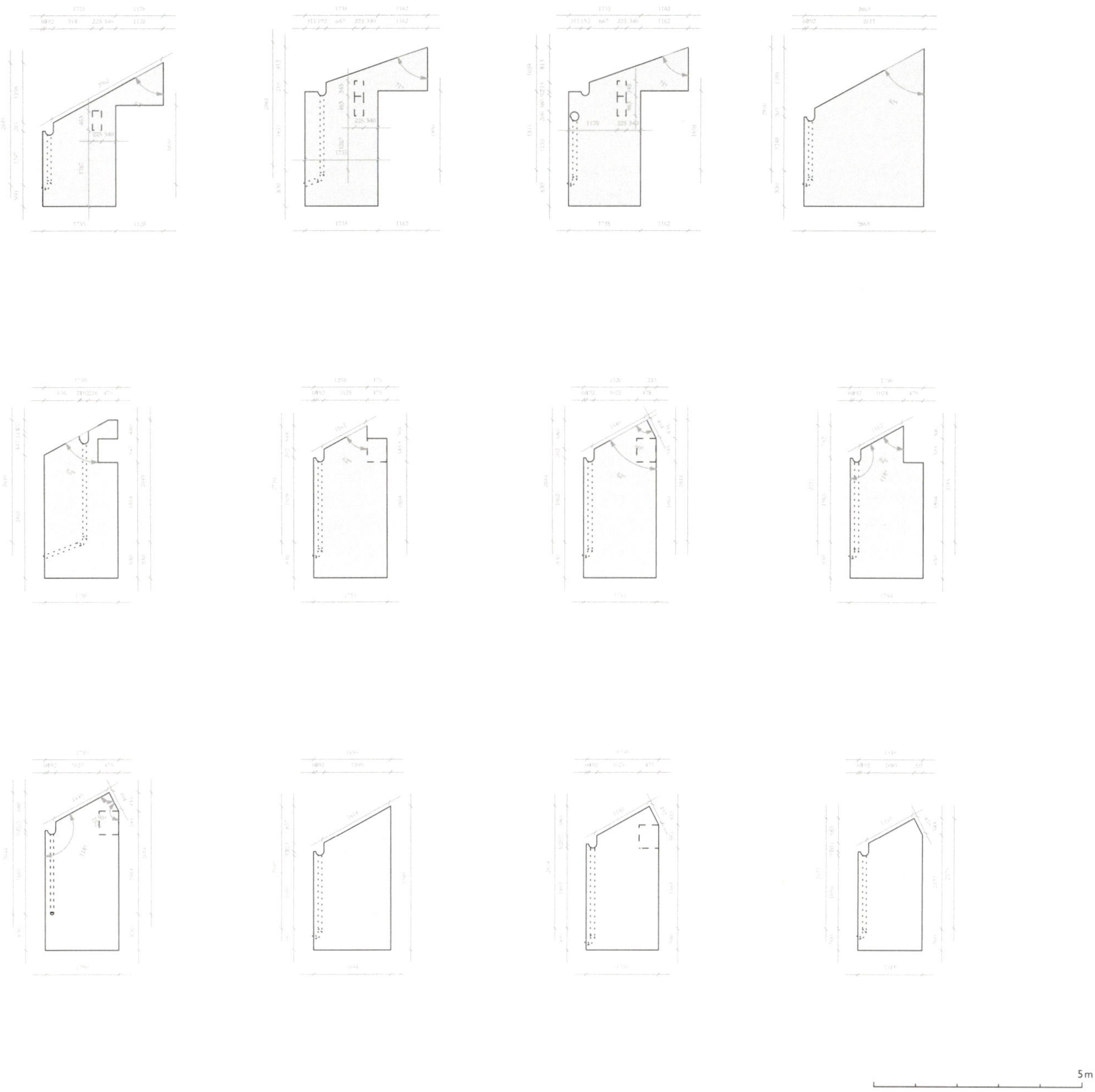
5 m

Bei diesem Projekt handelt es sich um die Erweiterung und Renovierung eines Reihenhauses in einem Dubliner Viertel, das vorwiegend von Backsteinhäusern der Viktorianischen und Edwardischen Ära geprägt ist. Überall in der Gegend trifft man auf schöne und gut ausgearbeitete Backsteindetails – Abstufungen, Farbvariationen, Formziegel und so weiter –, die den Strassenzügen ihren reichen und vielfältigen Charakter verleihen. Sogar die rückwärtige Gartenseite dieses Reihenhauses ist aus einem hellen Dubliner Backstein gefertigt.

Wir wollten eine Gartenfassade schaffen, die diese elegante und handwerkliche Bauweise repräsentiert. Der Einsatz von Stufendetails aus wiederverwerteten Ziegeln ermöglichte, dass die Fassade zum Garten hin symmetrisch wirkt und zugleich die Asymmetrie der exzentrischen Achse, die durch das Haus verläuft, aufnimmt. Diese Verschiebungen und Faltungen erzeugen eine tiefe räumliche Fassade, die gleichzeitig auf die reiche Tradition der Umgebung verweist.

Der Charakter des Gartens wurde ins Innere übertragen, indem wir die Putzschicht im mittleren Raum entfernten und für die inneren wie die äusseren Wände des Anbaus die gleichen Backsteine verwendeten. Der handwerkliche Charakter der Räume setzt sich in den Deckendetails der freiliegenden Balken sowie an den handbemalten Wandverkleidungen und Schränken fort. Diese Vielfalt an Variationen wird durch eine Reihe von Oberlichtern belebt, die die Wände in Licht tauchen und ihre wunderbare Unvollkommenheit betonen.

This project is an extension and renovation of a terraced house in an area of Dublin that consists predominantly of Victorian and Edwardian era brick houses. Throughout the neighbourhood, one finds beautiful and well-crafted brick details – stepped bricks, coloured bricks, chamfered bricks, angled bricks etc. – which give the streets their rich and varied character. Even the rear garden side of this terrace is made in a pale Dublin stock brick.

Our design sought to make a garden façade that embodied this elegant and handcrafted way of making buildings. The use of stepping salvage brick details allowed the façade to be both symmetrical to address the garden and asymmetrical to accept the off-centred axis running through the house. These shifts and folds make a deep spatial façade, all the while referring to the rich traditions around it.

Internally, we brought the character of the garden in by removing the plaster in the middle room and constructing the extension internally and externally in the same stock brick. The handmade feeling of the rooms is carried into the ceiling details of exposed joists and the hand-painted wall panelling and cabinetry. All of this rich variation is enlivened by a series of roof lights that wash the walls in light, accentuating their splendid imperfection.

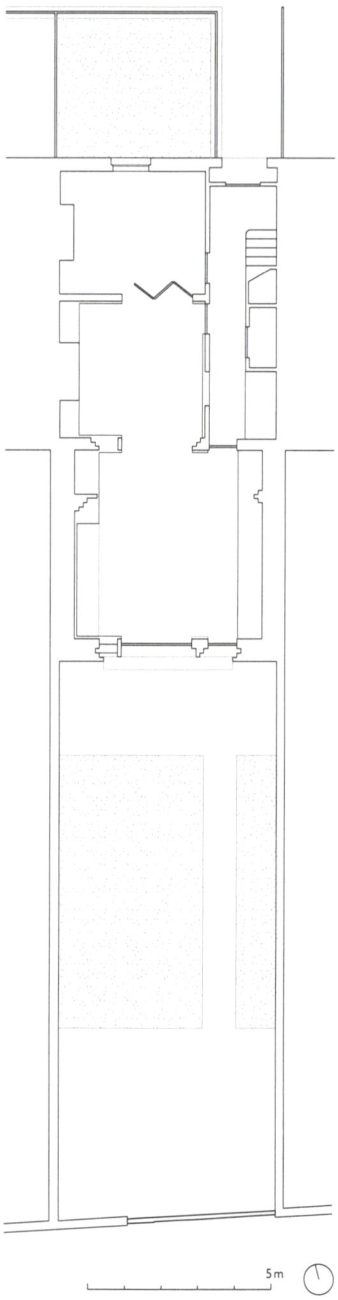

Projektdauer: 2018–2020
Projektteam: Colin Mac Suibhne, Jarek Adamczuk
Bauunternehmen: Gintaras Sabas
Ingenieurbüro: Níamh O'Reilly

Project duration: 2018–2020
Team: Colin Mac Suibhne, Jarek Adamczuk
Contractor: Gintaras Sabas
Engineer: Níamh O'Reilly

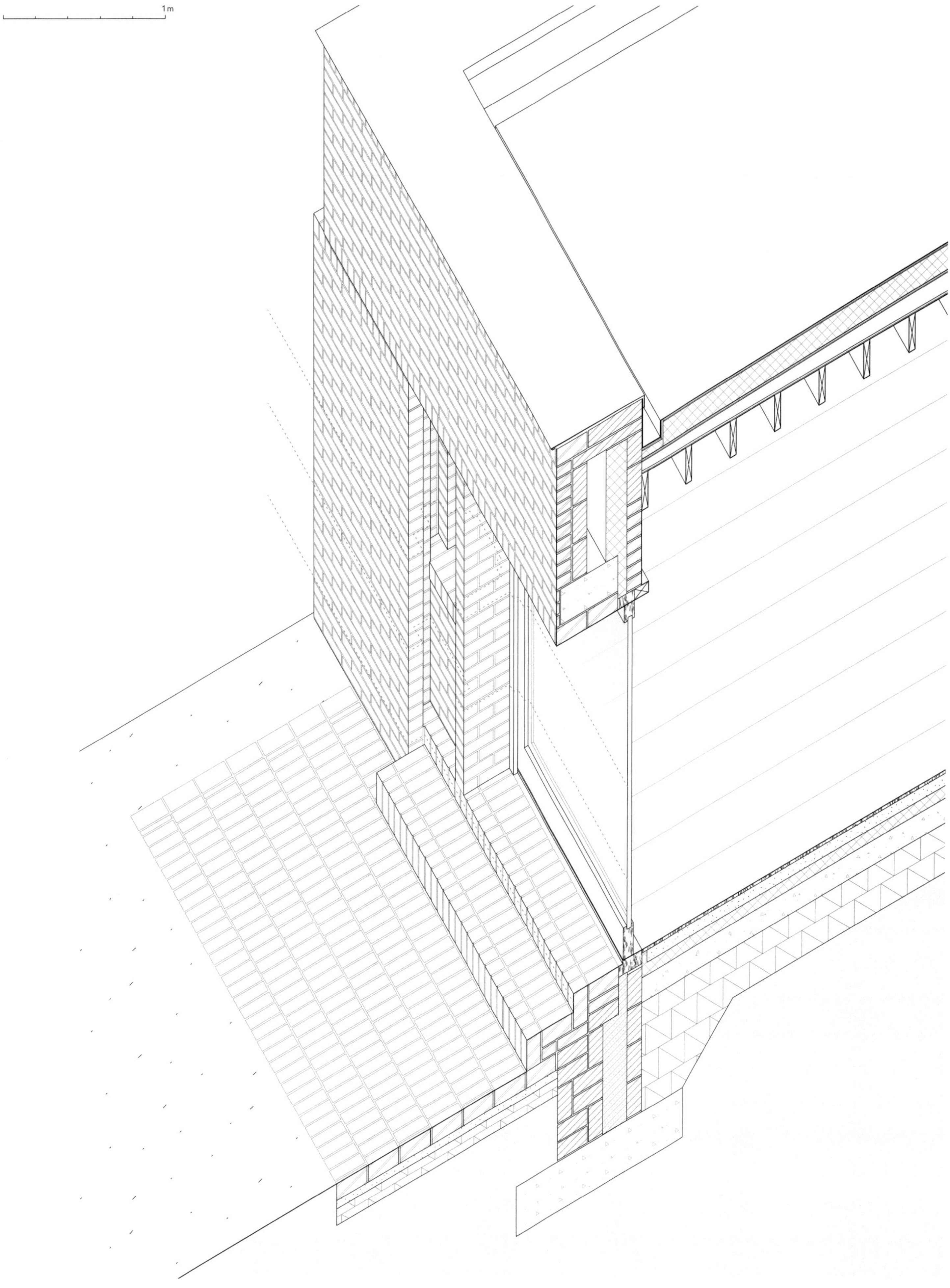
1m

BALLYGADDY HOUSE, GALWAY

BALLYGADDY HOUSE, GALWAY

Das bauliche Erbe dieser Gegend lässt sich mit einer Handvoll gängiger Typen zusammenfassen: Cottage, Scheune, Turmhaus, Herrenhaus, Kapelle und so weiter. Der einzigartigste und beständigste ist jedoch jener des *three-bay house* – also eines Dreifensterhauses. Dieser Typus eines recht einfachen zweistöckigen Hauses ist in allen Epochen bis in die Gegenwart vertreten. Während die einfachen Bestandteile dieses Haustyps vielleicht nicht besonders interessant sind, ist es seine Morphologie sehr wohl, bietet sie uns doch eine endlose Vielfalt an Variationen und Neuerungen – von grossen Herrenhäusern von klassischer Pracht und aus teuren Materialien bis hin zu bescheidenen, ländlichen Häusern, deren einfache Symmetrien ein Streben nach Schicklichkeit Lügen straft. Verzierte Fenster, schmucklose oder dekorierte Ecksteine und kunstvolle Rosetten, Bossenwerk oder blosse Putzabgrenzungen der Geschossebenen – jede Variante erzählt eine Geschichte des Ortes, ihres Alters und ihres Besitzers, die vor der Schablone dieses Typus vergleichbar wird.

Wir haben versucht, die Effizienz des Grundrisses im Obergeschoss mit seinem Wechsel aus dienenden und bedienten Räumen zu übernehmen, während wir im Erdgeschoss die typische Geschlossenheit durch die Wegnahme des traditionellen zentralen Servicekerns aufgebrochen haben. Die einfache Gebäudeform gewinnt durch die Einbeziehung der Grundstücksform – eines Parallelogramms – an Komplexität und Erlebnisvielfalt: Es wurde eine Matrix aus miteinander verbundenen quadratischen und schrägen Räumen geschaffen. Auf den ersten Blick könnte das Haus als eines seiner Vorläufer durchgehen, doch bei näherer Betrachtung offenbaren sich eine elegante Schichtung, ein Wechsel von Symmetrien und Asymmetrien sowie eine gefaltete Planarität; wir haben es hier mit einer weiterentwickelten Iteration dieses Bautyps zu tun.

The built heritage of the country could be summarised using a few common typologies: cottage, barn, tower house, manor house, chapel etc., but one of the most unique and enduring of these is the three-bay house. We find these relatively simple two-storey houses across every era of extant houses right up to the present. While the simple definitive elements of the type may not be particularly interesting, its morphology certainly is, presenting us with an endless panoply of variation and invention – from high manor houses with classical grandeur and expensive materials to humble vernacular houses, whose simple symmetries belie an aspiration for propriety. Ornamented windows and plain, decorated quoins and elaborate rose windows, ashlar rustication or mere plaster delineation of floor levels: each iteration tells a story of its place, age and owner, comparable through the lens of type.

We have sought to adopt the efficiency of the plan at the upper floor with its alternating service and served layout, while at the ground floor we broke down the typical closedness by eliminating the traditional central service bay. The simple building form gains complexity and a variety of experience through the incorporation of the site's parallelogram shape, by creating a matrix of interconnecting square and oblique rooms. At a glance, the house might pass as one of its progenitors, however closer inspection reveals an elegant stacking, shifting symmetries and asymmetries, and a folded planarity – an evolved iteration of its type.

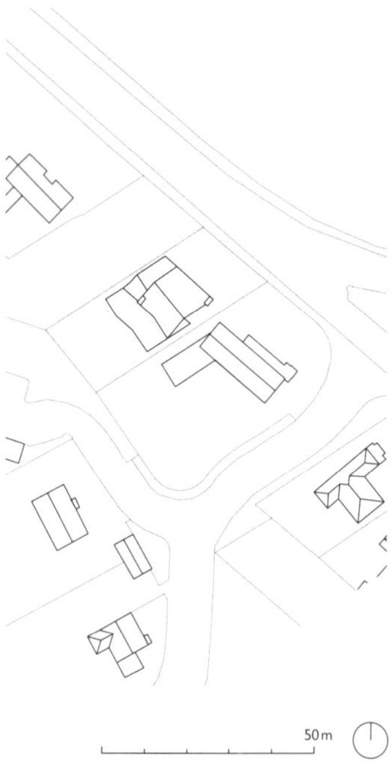

Projektdauer: 2016–2018
Projektteam: Colin Mac Suibhne

Project duration: 2016–2018
Team: Colin Mac Suibhne

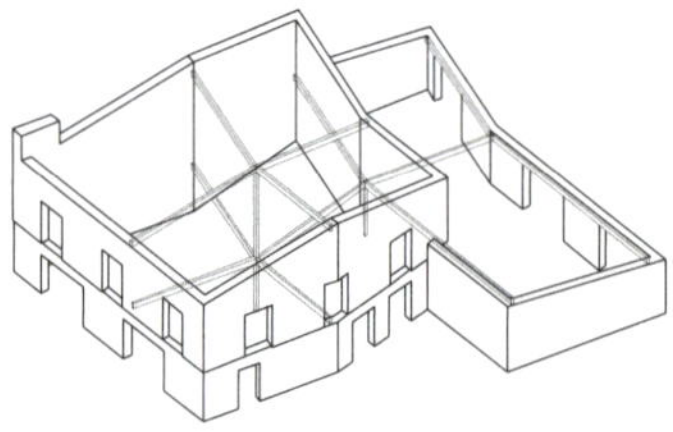

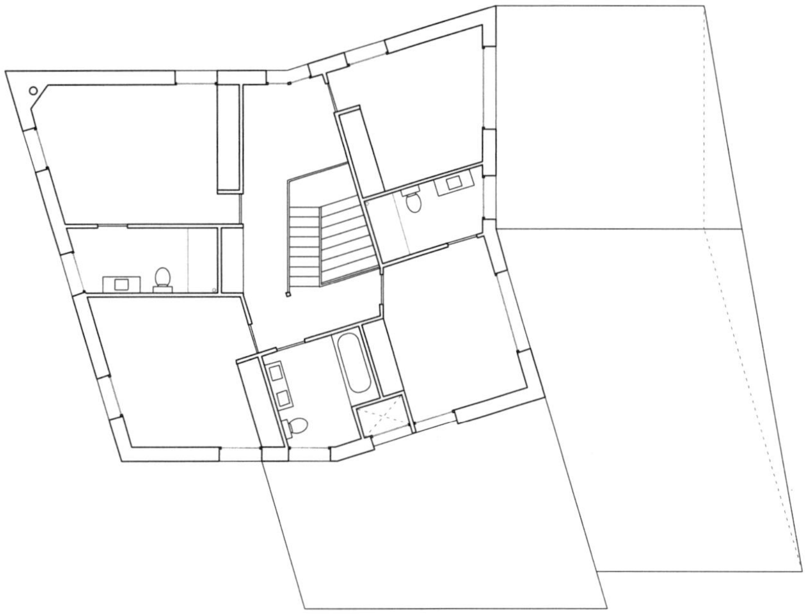

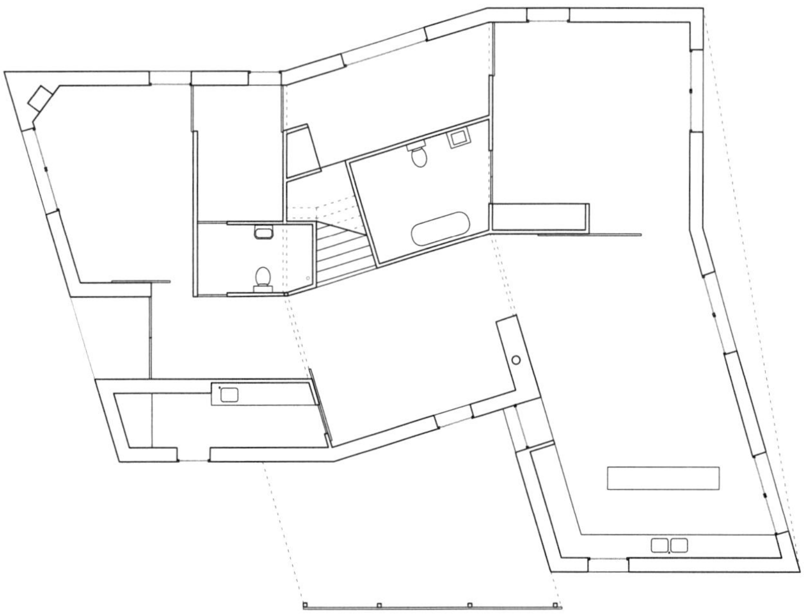

5 m

HAUPTSITZ NA PÍOBAIRÍ UILLEANN UND THEATER, HENRIETTA STREET, DUBLIN

Die Henrietta Street ist vermutlich Dublins bedeutendste historische Strasse. Sie verfügt über einen bemerkenswert gut erhaltenen Zug georgianischer Reihenhäuser der 1720er bis 1750er Jahre. Diese riesigen, streng anmutenden Backsteinbauten bilden einen geschlossenen Strassenraum, reich an subtilen Details und typologischen Variationen. Im Inneren offenbaren die Häuser Rokoko-Stuckarbeiten, verzierte Treppen und Türrahmen, von denen die meisten seit den 1820er Jahren zunehmend verfallen. Nachdem in den 1950er Jahren die eine Hälfte des georgianischen Vierfensterhauses in der Henrietta Street Nr. 15 abgerissen wurde, klaffte hier eine «Zahnlücke». Diese prominente Ecke sollte wiederhergestellt werden: Geplant sind Werkstätten für Na Píobairí Uilleann und im hinteren Teil ein kleines Theater für unverstärkte Konzerte irischer Musik.

Aussen zeichnen sich die umliegenden Häuser durch schmucklose Fassaden aus. Um ein neues Bauwerk erfolgreich in diesen Kontext zu integrieren, muss es eine zeitlose Ästhetik aufweisen, die den Anschein erweckt, als wäre es schon immer da gewesen. Das geplante Gebäude ist genau das, ein direkter Ausdruck seiner einzigartigen Ziegelgewölbestruktur. Es beruft sich eher auf den Kontext als auf seine formalen Merkmale. Die starken Ziegelsteinwände wirken wie eine Stütze der visuellen Masse, bilden einen kraftvollen, ausdrucksstarken Abschluss der Häuserreihe – eine Bezugnahme auf Sullivans Erweiterung am gegenüberliegenden Ende des Blocks. Die gesamte Frontfassade des ursprünglichen Hauses wird wieder aufgebaut, um das georgianische Strassenbild wiederherzustellen, und zwar unter Verwendung von Blindfenstern – wie häufig bei georgianischen Gebäuden in Ecksituationen und für das Herstellen von Symmetrien. Hier verweist diese Praxis auf den Verlust des ursprünglichen Hauses.

NA PÍOBAIRÍ UILLEANN HEADQUARTERS AND THEATRE, HENRIETTA STREET, DUBLIN

Henrietta Street is arguably the most important historic street in Dublin, comprising a remarkably intact series of terraced Georgian houses from the 1720s to 1750s. These immense and austere brick structures form an enclosed street "room" that is enriched by subtle details and typological variation. Internally, the houses are grand elaborations of rococo plasterwork and ornate stairs and doorcases, most of which has been in decline since the 1820s. Following the demolition in the 1950s of one half of a four-bay Georgian house at no. 15 Henrietta Street, this street was left with a "missing tooth". The project is to re-establish this prominent corner while creating a series of workshops for Na Píobairí Uilleann, in addition to a small theatre to the rear designed specifically for the unamplified performance of Irish music.

Externally, a defining characteristic of the surrounding houses is their unadorned structural façades. To successfully place a new structure in this context, it must have a timeless aesthetic that appears like it has been and will always be there. The proposed building is just that, a direct expression of its unique brick vaulted structure. It appeals to the fundaments of the context rather than to its formal characteristics. The deep brick fin walls act as a buttress to the visual mass to make a powerful and expressive end of terrace, referencing a Sullivanesque extension at the opposite end of the block. We will rebuild the complete front façade of the original house to reinstate the Georgian streetscape through the use of blind windows – a practice in Georgian buildings utilized for turning corners and completing symmetries – here employed to speak of the passing of the original house.

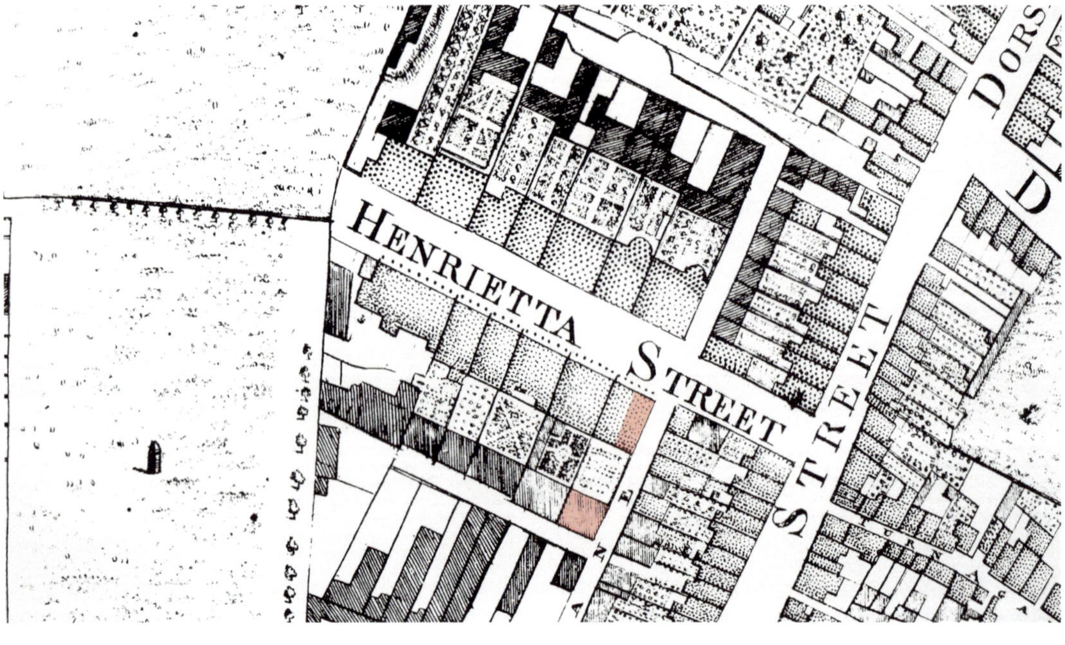

Wettbewerb: 1. Preis
Projektdauer: 2009–
Projektteam: Jarek Adamczuk, Elizabeth Gaynor, Breffni Greene, Ronan Costelloe, Conor Horgan

Competition award: 1st Prize
Project duration: 2009–
Team: Jarek Adamczuk, Elizabeth Gaynor, Breffni Greene, Ronan Costelloe, Conor Horgan

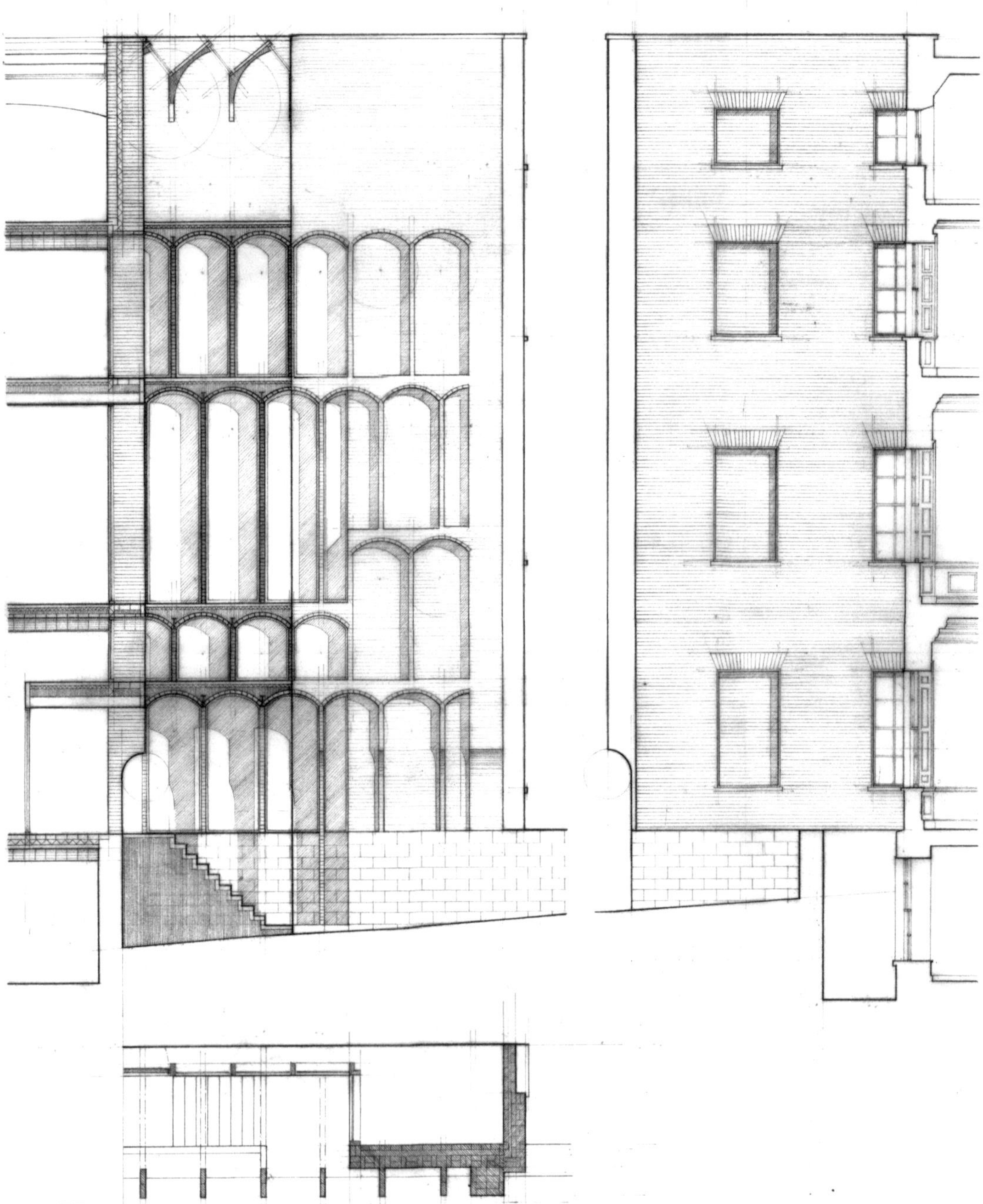

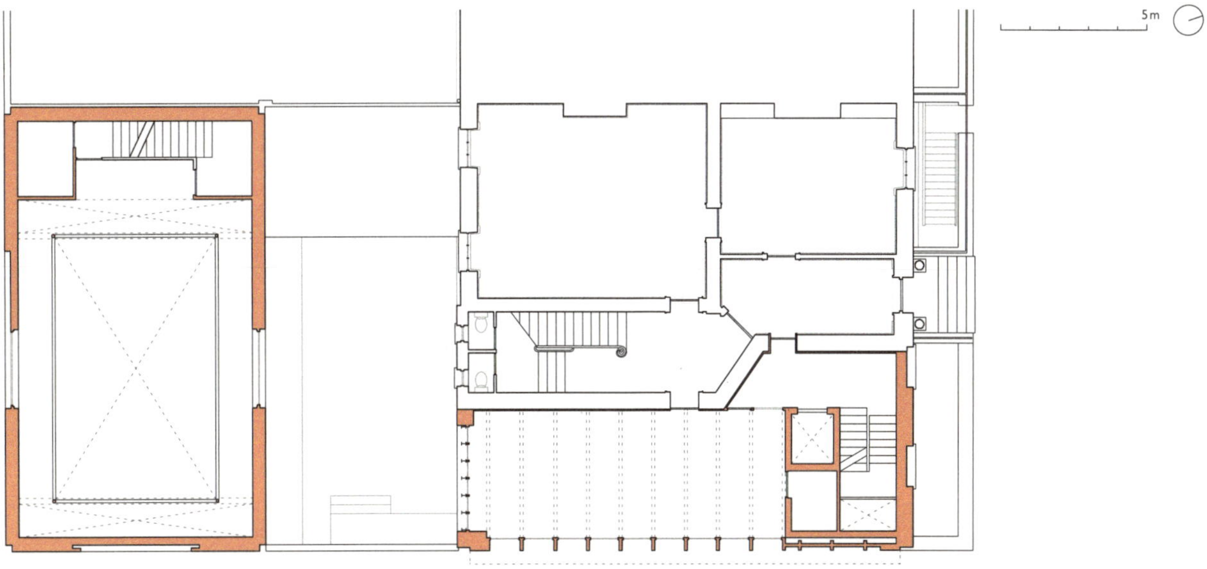
5m

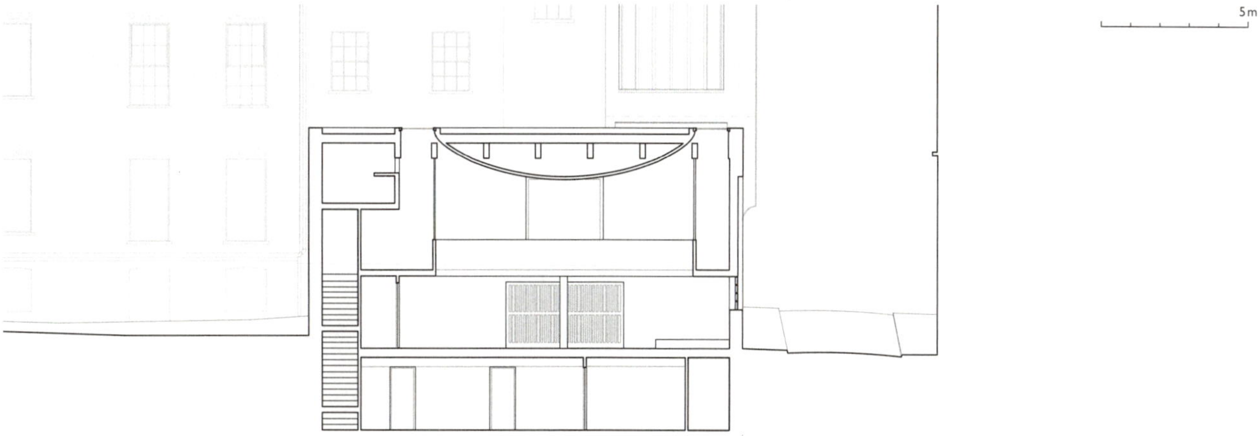
5m

Auf dem Grundstück, auf dem dieses Haus errichtet wurde, standen ein verfallenes Bauernhaus und Scheunen, die sich seit den frühen 1800er Jahren im Familienbesitz befanden. Der Grundriss war der eines typischen traditionellen Bauerngehöfts: eine Reihe einfacher Gebäude mit Satteldächern, die um mehrere Höfe angeordnet sind und Schutz vor dem Wetter an der Küste bieten. Diese Gebäude und Höfe wurden im Laufe der Zeit sukzessive durch weitere Bauten ergänzt, um neue Nutzungen zu ermöglichen.

Der ursprüngliche Auftrag der Bauherrschaft lautete, die bestehenden Gebäude zu renovieren – aber uns gefielen sie als Ruinen. In den Lehm- und Steinmauern, den zerbrochenen Fenstern und verwitterten Fensterläden, dem gusseisernen Herd und den stabilen Anhängern, den Eierkästen und den zerfledderten Büchern konnten wir das Leben derer sehen, die hier früher gelebt hatten; und wir konnten den langsamen Lauf der Zeit spüren. Eine Renovierung hätte die geheimnisvolle Magie der Ruine zunichte gemacht. Also beschlossen wir, den Gebäudekomplex so zu ergänzen, wie es in der Vergangenheit immer geschehen war: durch ein einziges einfaches Volumen. Dabei schufen wir eine Reihe von Gartenräumen im Freien innerhalb und zwischen den bestehenden Gebäuden.

Die Form und die Materialien sollten mit den umliegenden Gebäuden in Einklang gebracht werden, damit ein Haus entstehen konnte, das gleichzeitig alt und neu ist. Die Konstruktion besteht aus einfachen Steinwänden, die innen mit Mörtel geschlämmt wurden. Sämtliche Öffnungen sind Glastüren, dank derer man sich frei zwischen den neuen Räumen und den Gartenräumen bewegen kann. Das einfache Satteldach überspannt eine Vielzahl zeltartiger Decken, die den einzelnen Innenräumen einen jeweils eigenen Charakter und eine gewisse Verspieltheit verleihen.

The site for this house contained a ruined farmhouse and barns that had been in the family since the early 1800s. Its layout was typical of the vernacular farmhouse type with a series of simple pitched roof volumes arranged around several yards that provide shelter from the coastal weather. These buildings and yards accumulate incrementally over generations with new structures added to accommodate new uses.

The initial client brief was to renovate the existing buildings – but we enjoyed the buildings as ruins. In their cob and stone walls, in the broken windows and weathered shutters, in the cast iron stove and stable hitches, in the egg boxes and broken books, we could see the lives of those who had lived here before and could feel the slow passage of time. To renovate would be to erase the mysterious joy of the ruin. So we decided to add to the complex of buildings the way it had always happened in the past, with the addition of a single simple volume. In the process, we created a series of outdoor garden rooms within and between the existing structures.

The form and materials are intended to resonate with the surrounding buildings, making a house that is simultaneously old and new. The construction is in simple block walls washed with mortar internally, while all of the openings are glazed doors allowing one to move freely between new rooms and garden rooms. The simple pitched roof externally conceals a variety of "tented" ceilings, internally giving each room a unique character and playfulness.

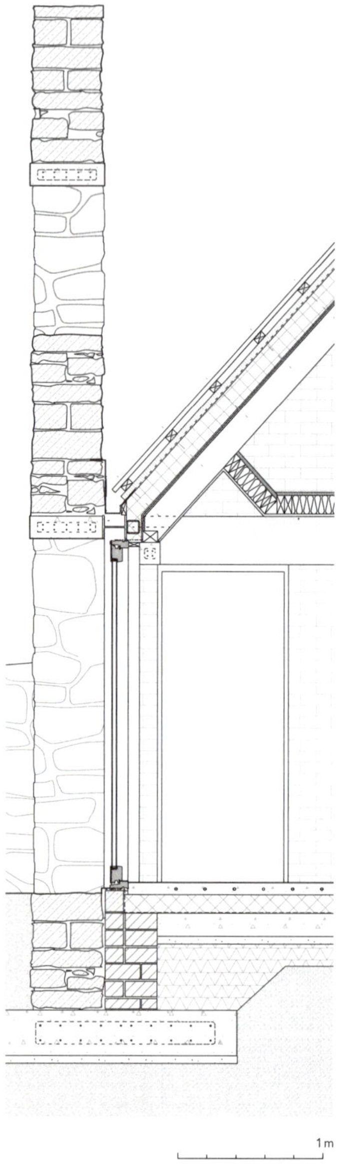

Projektdauer: 2017–2020
Projektteam: Jarek Adamczuk, Colin Mac Suibhne
Bauunternehmen: Peter Taaffe Builder Ltd
Ingenieurbüro: Downes Associates, Ian Connolly

Project duration: 2017–2020
Team: Jarek Adamczuk, Colin Mac Suibhne
Contractor: Peter Taaffe Builder Ltd
Engineer: Downes Associates, Ian Connolly

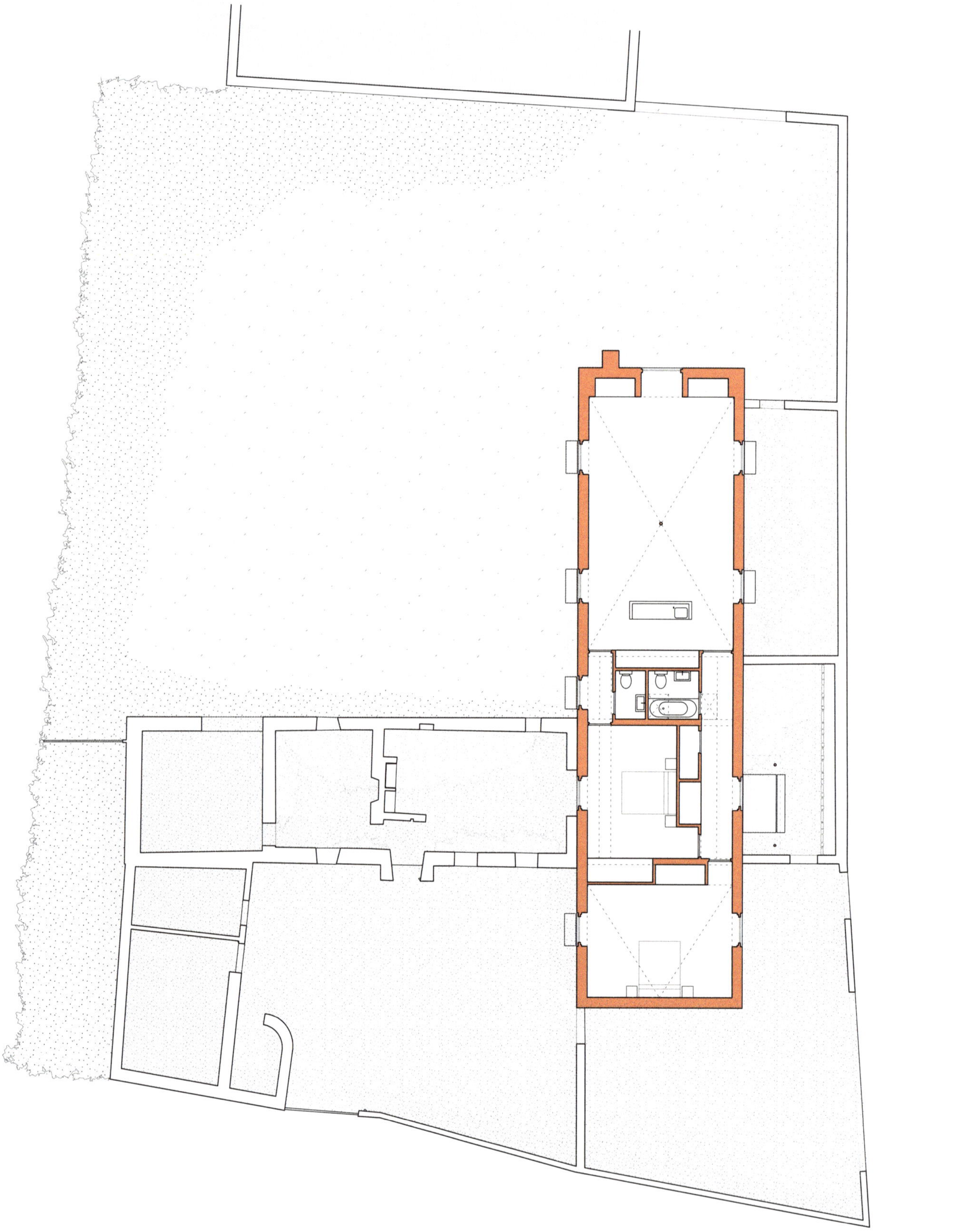
5 m

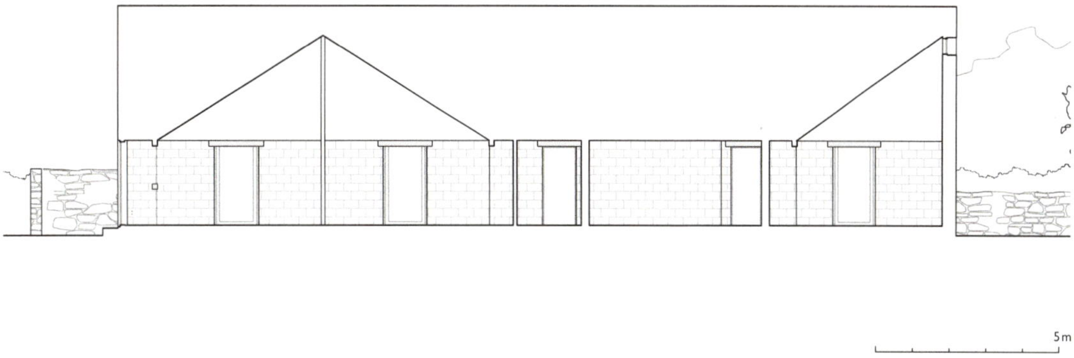
5m

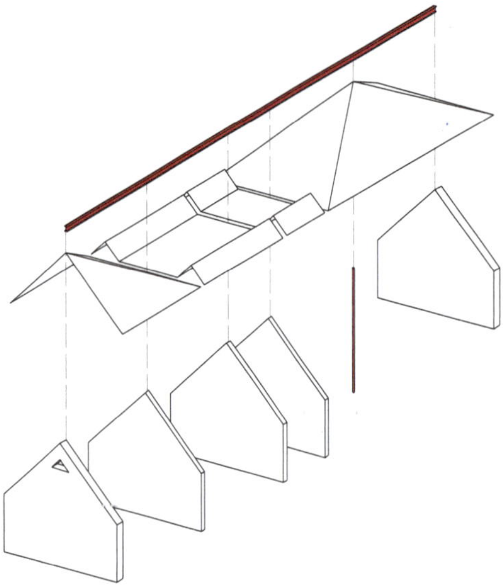

BEALALAW HOUSE, CARLOW

Die Gemarkung Bealalaw liegt eingebettet in fruchtbares Ackerland und die sanften Hügel am Rande des Mount Leinster an der Grenze zwischen Carlow und Wexford. Geologisch besteht dieser Landstrich fast ausschliesslich aus goldenem Granit, der sich in nahezu jedem Bauwerk wiederfindet: von grossen Häusern über bescheidene Cottages bis hin zu den Steinmauern, die die Feldergrenzen markieren. Die traditionellen Gebäude dieser Gegend ähneln einander in Form und Anordnung, reagieren auf die materielle und topografische Umgebung. Bauernhöfe bestehen aus der typischen Ansammlung einfacher Gebäude, die sich um mehrere Höfe gruppieren. In dieser Gegend jedoch sind sie, eine Reaktion auf die lokale Topografie, lockerer und asymmetrischer angeordnet.

Diese Erweiterung und Renovierung eines bestehenden Hauses zielt darauf ab, Anbau und Bestand einer Logik unterzuordnen, die der örtlichen Baukultur entspringt. So haben wir für den Anbau im Hinblick auf Massstab, Form und Standort das ursprüngliche Gebäude als Vorbild genommen und darauf aufbauend eine einfache tektonische Logik entwickelt, dank derer beide dieselbe Sprache sprechen können. Der Anbau ist in einem informellen Winkel zum bestehenden Haus positioniert, um sich dem Berg zuzuwenden und auf den Typus zu verweisen, während die verlängerten Traufen Schutz bieten und eine horizontale Linie beschreiben. Eine lange Bruchsteinmauer aus Granit begrenzt das Gebäude traditionsgemäss entlang der Grundstücksbreite. Im Inneren des Hauses befindet sich eine grosse Diele mit drei grossen Fensternischen, die von den Einheimischen als «Scheune» bezeichnet wird. Die Gebäudestruktur setzt bei dem primitivsten aller Holzdächer an: einem auf drei Stützen ruhenden Sparrendach mit First. Die mittlere Stütze wird in einen Zugbalken überführt, um eine seitliche Aussteifung zu erzeugen und gleichzeitig Platz für einen grossen Wohnbereich zu schaffen. Diese beiden primären Strukturen erwecken den Eindruck von Figuren, die sich im Raum unterhalten. Die starke Primärstruktur wird durch die zarte weisse Textur der eng beieinanderliegenden Sparren, der schlanken Pfosten und der hellen Ziegel kontrastiert.

The townland of Bealalaw is nestled in the rich farmland and rolling hills adjacent to Mount Leinster on the border between Carlow and Wexford. The geological makeup of the landscape is almost exclusively a golden granite that makes its way into almost every structure, from the grand houses to the humble cottage, to the stone walls that mark the field boundaries. Traditional buildings across the area retain similar forms and arrangements in response to this material and topographic landscape. Farmsteads are composed of the typical collection of simple volumes around several yards, but in this landscape they are loosely ordered in casual and asymmetric arrangements responding to the local contours.

This project for the extension and renovation of an existing house seeks to bring the addition and the extant into a logic that is native to the building culture of the place. Thus the addition takes its scale, form and pitch from the original building as its starting point and develops a simple tectonic logic so that they might speak the same language. The addition is set at an informal angle to the existing house to turn toward the mountain and refer to type while the extended eaves spread shelter and a horizontal line. A long dry stone granite wall grounds the building to the site width, as is the tradition. Internally, the focus of the house is a large hall in three bays, referred to by locals as "the barn". The structure begins with the most primitive of timber roofs, the ridge supported rafter roof on three columns. The central column is then lifted onto a tie beam to provide lateral resistance while creating space for a large living area. One encounters these two primary structures as characters conversing in the room. The muscular primary structure is counterpointed by the delicate white texture of the tightly spaced rafters, slender mullions and pale tiles.

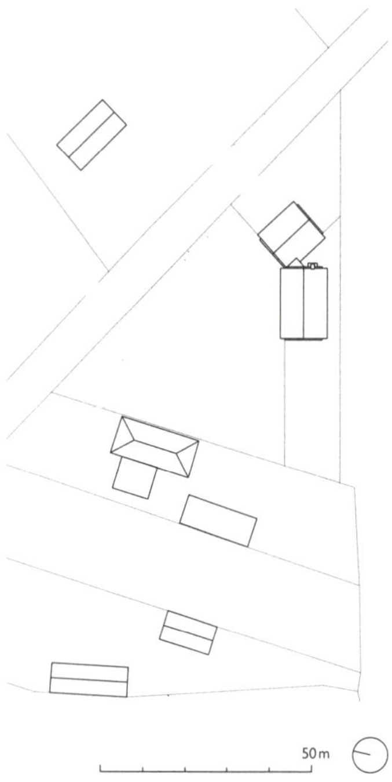

Projektdauer: 2009–2015
Projektteam: Ronan Costelloe, Conor Horgan, Colin Mac Suibhne, Laura Carroll
Bauunternehmen: Denis Guilfoyle Construction
Holzbauunternehmen: Matthew O'Malley Timber
Ingenieurbüro: Peter Brunner Consulting

Project duration: 2009–2015
Team: Ronan Costelloe, Conor Horgan, Colin Mac Suibhne, Laura Carroll
Contractor: Denis Guilfoyle Construction
Timber contractor: Matthew O'Malley Timber
Engineer: Peter Brunner Consulting

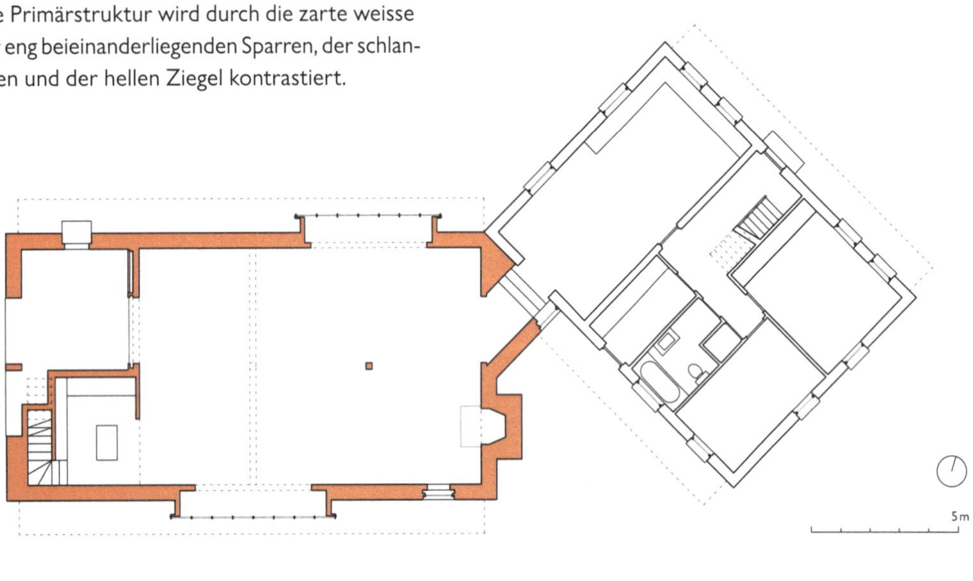

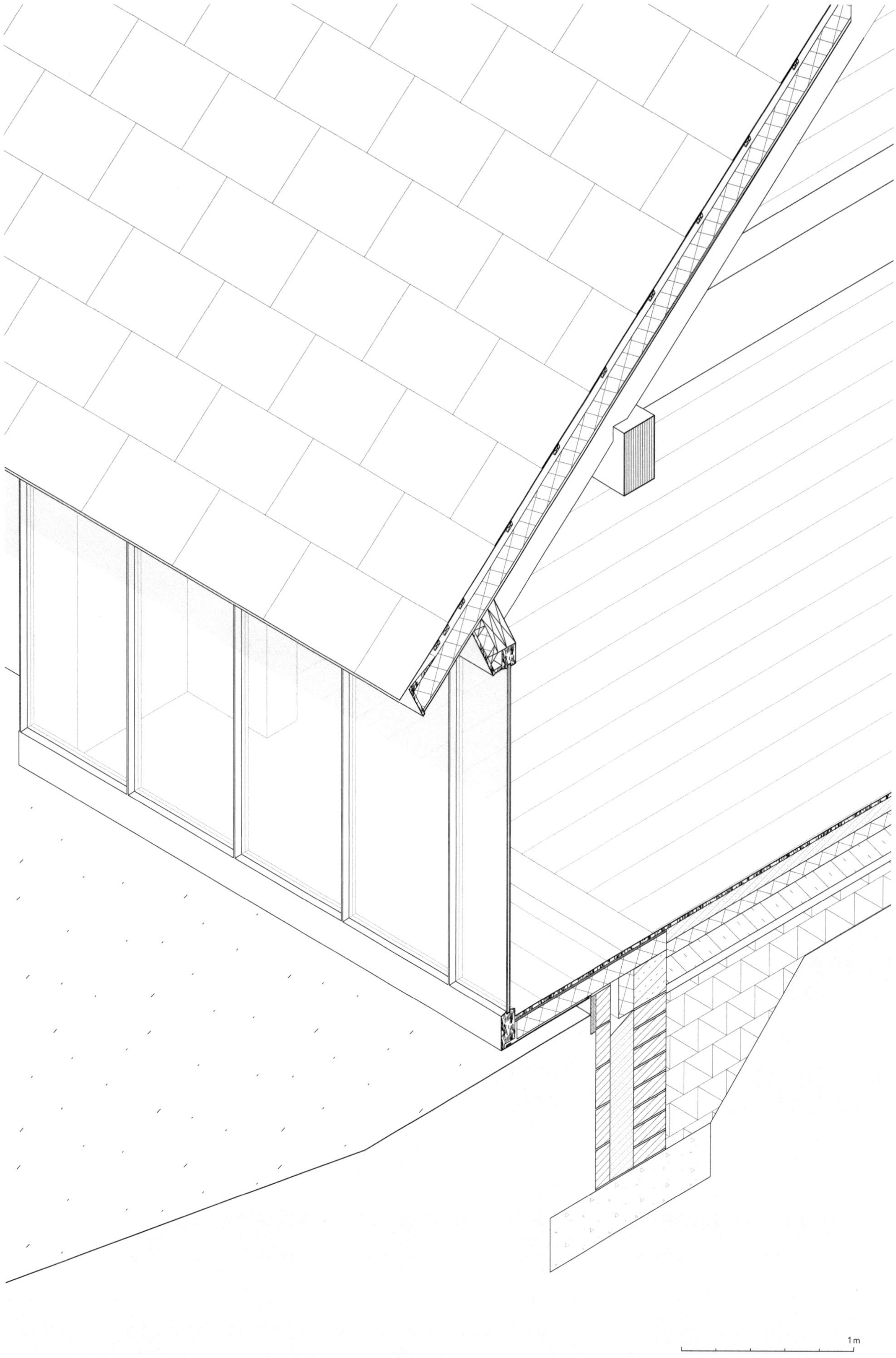
1 m

5 m

GEMEINDEZENTRUM VITA HOUSE, ROSCOMMON

VITA HOUSE COMMUNITY CENTRE, ROSCOMMON

Bei diesem Projekt haben wir ein frei stehendes Stadthaus in der Abbey Street in Roscommon erweitert und renoviert. Das Gebäude umfasst Beratungsräume und einen grossen Versammlungssaal für das ganzheitliche Beratungszentrum Vita House und die Allgemeinheit.

Der Standort erforderte eine äusserst sensible Herangehensweise, da man sich hier in Blicknähe zur Hauptkirche der Stadt, der Sacred Heart Cathedral, befindet und das bestehende Gebäude zudem in einem denkmalgeschützen Areal liegt. Der Entwurf entspringt dem Wunsch der Bauherrschaft, einen friedlichen, einladenden Ort zu gestalten, der zu einem zentralen Bestandteil des Gemeindelebens wird. Der Entwurf zielte daher darauf ab, einen «guten Nachbarn» zu schaffen, der zum einen von den einfachen Satteldächern und rechteckigen Fenstern der Strasse inspiriert ist, zum anderen aber auch von Gebäuden aus dem 18. Jahrhundert, etwa dem City Assembly House in Dublin, die hinter ihrem bescheidenen Äusseren eine Vielzahl erstaunlicher Räume berherbergen. Das zurückhaltende Äussere des Gemeindezentrums erlaubt es der Kirche, die Umgebung weiterhin zu dominieren, und setzt zu seiner Bereicherung auf subtile tektonische Details und Asymmetrien. Das schlichte Volumen täuscht über die Vielfalt der Räume im Inneren hinweg, darunter ein grosser Versammlungsraum, dessen gewölbte Decke und ruhige Atmosphäre auf den religiösen Hintergrund der Bauherrschaft und die benachbarte Pfarrkirche Bezug nehmen.

The building is an extension and renovation of a detached townhouse on Abbey Street in Roscommon town. It provides counselling rooms and a large meeting hall for the holistic counselling centre called Vita House and the broader community.

The site is highly sensitive as it overlooks the town's primary church, the Sacred Heart Cathedral, while the existing building is part of an architectural conservation area. The design arises from the client's desire to create a peaceful welcoming place which can be a central part of community life. The design therefore seeks to be a "good neighbour", inspired in part by the simple pitched roofs and rectangular windows on the road as well as by 18th-century buildings like the City Assembly House in Dublin, which contain a variety of unexpected spaces behind modest exteriors. The reserved exterior allows the church to continue to dominate the surroundings and relies on subtle tectonic details and asymmetries for richness. The simple volume belies the variety rooms within, including a large meeting space whose domed ceiling and serene atmosphere allude to the religious associations of the client organisation and the neighbouring parish church.

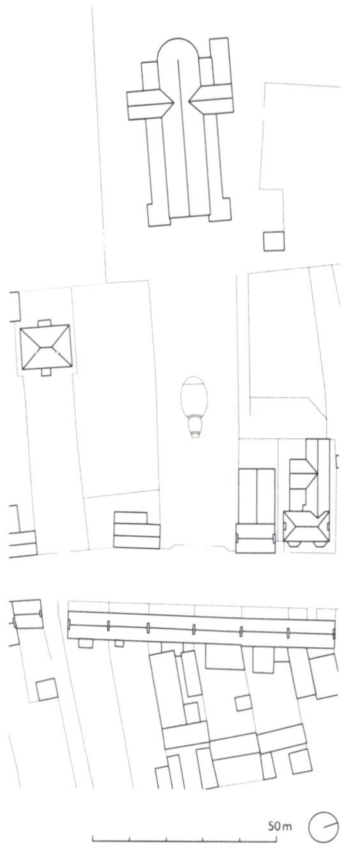

Projektdauer: 2011–2013
Projektteam: Ronan Costelloe, Conor Horgan
Bauunternehmen: Dervan Construction
Ingenieurbüro: Collins Boyd Engineering

Project duration: 2011–2013
Team: Ronan Costelloe, Conor Horgan
Contractor: Dervan Construction
Engineer: Collins Boyd Engineering

J . RICE

5m

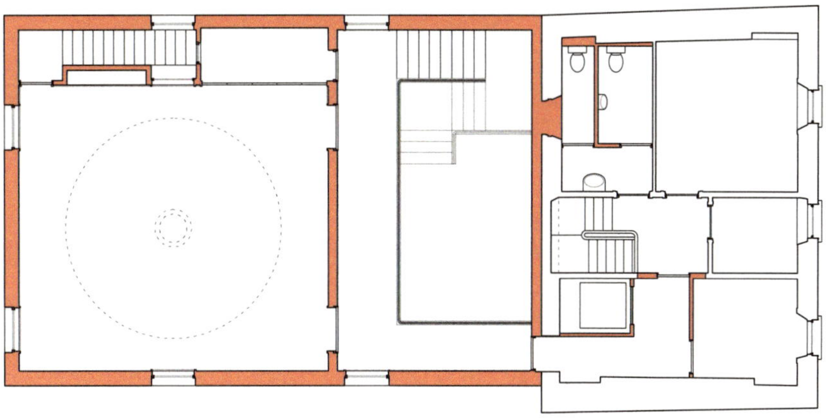

5m

Das Grundstück liegt am Rande der kleinen Stadt Clifden im äussersten Westen Irlands. Trotz der Nähe zum Stadtzentrum wird das Haus aufgrund seiner erhöhten Lage in einem Überschwemmungsgebiet entlang des Flusses Owenglin wohl dauerhaft ein Solitär in der Landschaft bleiben – und unabhängig von der künftigen Entwicklung des angrenzenden Städtchens immer eine Art isolierter *folly*[1].

Auf der gegenüberliegenden Seite des Landes wurde das Casino in Marino, eines der grossartigsten neoklassizistischen Gebäude Europas, ursprünglich als Vergnügungs-*folly* in den Gärten des Marino House errichtet. Heute ist dieses perfekte Objekt umgeben von Wohnsiedlungen, Schulen und Bürokomplexen – ein Überbleibsel früherer Kultur und Landschaft in einem Vorort Dublins. Das «kleine Haus» hat aufgrund seiner scheinbaren Einfachheit und Symmetrie, die durch komplizierte Asymmetrien und reiche Wahrnehmungsillusionen konterkariert wird, Bekanntheit erlangt.

Wegen der landschaftlichen und konzeptionellen Ähnlichkeiten nahmen wir für unseren Garten-*folly* das Casino als Ausgangspunkt und griffen den Wunsch der Bauherrschaft nach einem Haus mit Kurven auf. Der Anschein, dass es sich bei dem Gebäude um ein einfaches, achsensymmetrisches Objekt handelt, wird durch Asymmetrien im Grundriss und in der Höhe, die ein reiches Geflecht verschiedener Räume erschaffen, destabilisiert. Die Wohnräume sind auf zweierlei Weise lesbar: als offen gestalteter Raum und als eine Reihe unterschiedlicher Räume, die sowohl durch die Gesimsstruktur als auch durch das Bodenmuster definiert werden. Die Schwelle zwischen den einzelnen Räumen ist die Linie zwischen der gekrümmten Aussenwand und der jeweiligen Ecke des zentralen Versorgungskerns, die durch das weiche Licht, das auf allen vier Seiten von oben in den doppelt hohen Raum einfällt, gekennzeichnet wird. Die Struktur definiert die Räume durch Betonbalken, die auf den Ecken des räumlichen Schachbretts aus Form und Leere aufliegen.

Das Haus wird geschützt von einer Mauer, die sich über die gesamte Länge des Grundstücks erstreckt. Sie schafft einen erhöhten «künstlichen» Landschaftsraum mit Gärten auf beiden Seiten des Hauses: einem für den Anbau und einem zum Vergnügen. Einen ersten Eindruck vom Haus gewinnt man auf dem Weg von der Stadtstrasse in die Landschaft; dann erschliesst man es sich über eine lange Abfolge von Räumen: vom Gartenhof in die Eingangshalle und über die kreisförmige Schwelle in die Wohnräume. Diese Raumerfahrung endet am Rande der Flutmauer, von wo aus der Blick über die Ebene zu den Hügeln wandert.

1 Der aus dem Englischen stammende Begriff *folly*, zu Deutsch «Narretei», bezeichnet in der Gartenkunst extravagante Zierbauten, darunter Türme oder künstliche Ruinen, die sich insbesondere in englischen Landschaftsparks des 18. Jahrhunderts grosser Beliebtheit erfreuten.

The site for this house is located on the edge of Clifden, a small town in the far west of Ireland. Despite its proximity to the centre of town, its location on the single high point in a floodplain along the Owenglin River means that the house will always sit as a singular object in the landscape. Regardless of the future development of the surrounding town, it will always remain a kind of isolated garden "folly".

On the exact opposite side of the country, the Casino at Marino, one of the greatest Neo-Classical buildings in Europe, was originally built as a pleasure folly in the gardens of the Marino House. This perfect object now sits in suburban Dublin surrounded by estates, schools and office parks – a remnant of a former culture and landscape. The "little house" is known for its apparent simplicity and symmetry, which is repeatedly contradicted by intricate asymmetries and rich perceptual illusions.

Due to the landscape and conceptual similarities, our "garden folly" house takes the Casino as its starting point and integrates the clients' desire for a house of curves. The building's initial reading as a simple object with bilateral symmetry is destabilised through asymmetries in plan and elevation designed to create a rich tapestry of different spaces. The living spaces are both open plan as well as reading as a series of distinct rooms, defined by both the structural cornice and the floor pattern. The threshold between each space is the "pinch" between the curved external wall and the corner of the central service core marked by soft light from above through the double-height space in each corner. The structure defines the spaces with concrete beams sitting on the corners of the spatial chessboard of solid and void.

The house sits above the floodplain protected by a wall running the length of the site. This wall creates a raised, "made" landscape of two gardens on either side of the house, one for production and the other for pleasure. One's initial experience of the house moves from town road to landscape, through a prolonged sequence of rooms – garden court to entry hall to circular threshold to living spaces – ending by standing on the edge of the flood wall, looking out across the plain to the hills beyond.

Projektdauer: 2010–2011
Projektteam: Conor Horgan, Matthew Webb

Project duration: 2010–2011
Team: Conor Horgan, Matthew Webb

Casino in Marino, 1775, Dublin
Casino at Marino, 1775, Dublin

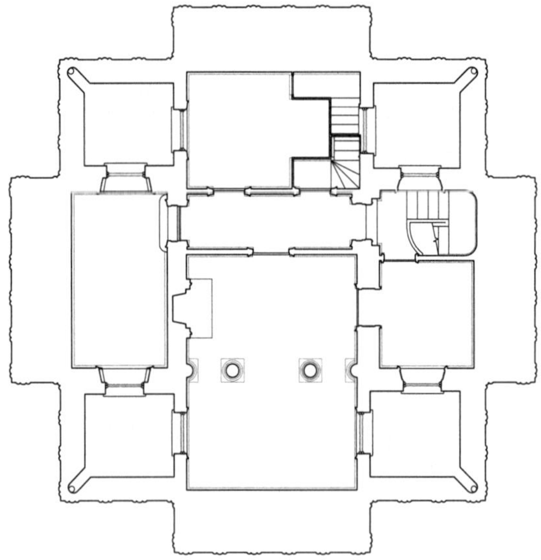

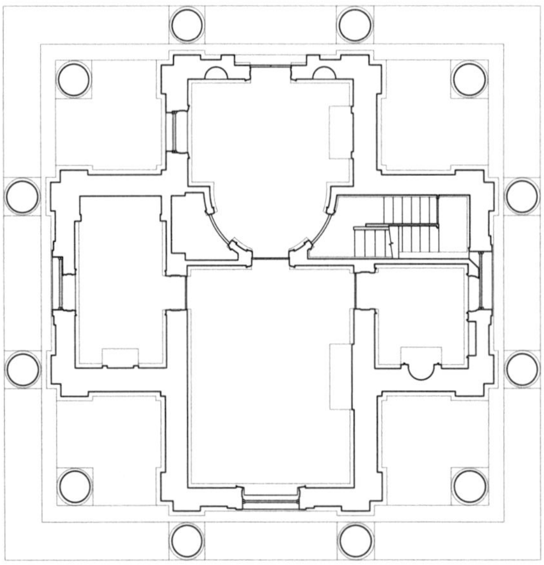

Grundriss Casino in Marino, 1775, Dublin
Floor plan, Casino at Marino, 1775, Dublin

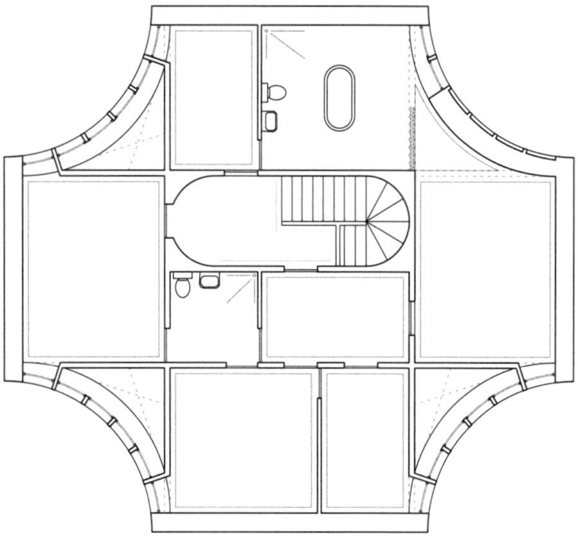

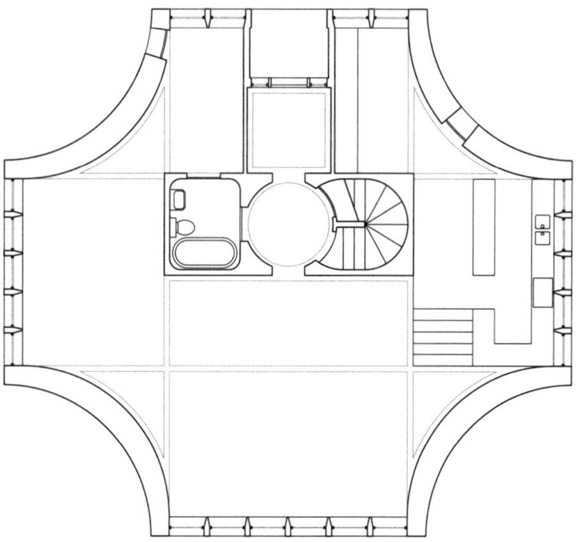

LEAGAUN RESIDENCE, GALWAY

Ein neues Bauernhaus für Galway. Dieses Haus geht auf den vernakulären Typus des irischen Bauernhauses zurück, der in der Umgebung weit verbreitet ist. Der Entwurf übernimmt die einfachen Volumina und die Innenhoforganisation dieses robusten und bewährten Bautypus, entwickelt für ihn aber eine neue, ausdrucksstarke tektonische Sprache. Der traditionelle Ringbalken wurde freigelegt und mit anderen Funktionen wie Wasserspeicherung und seitlicher Aussteifung versehen. Letzteres ermöglichte ein offenes, stützenfreies Holzdach. Die Struktur reagiert damit nicht nur auf die Anforderungen der Schwerkraft, sondern auch auf das Klima, die lokale Baukultur und die traditionellen Materialien. Der typische, nach Süden orientierte geschützte Innenhof wird von einem flachen Säulengang gesäumt, der durch eine niedrige Schwelle den Innen- und Aussenbereich miteinander verbindet. Dieses formale Element ist dem gepflegten und perfekt quadratischen Hof zugewandt, der im Kontrast zu dem dahinter liegenden wilden Feld steht.

Die Oberflächen spiegeln den ländlichen Charakter des Hauses wider: Schieferdach, weiss gekalkte Wände und raue Betonoberflächen. Das Haus liegt ruhig auf einem Feld in der Nähe des Lough Corrib, erscheint vertraut und doch ganz und gar einzigartig.

A new farmhouse for the Galway countryside. This house begins with the vernacular Irish farmhouse typology, which exists throughout the surrounding landscape. While the design adopts the simple volumes and courtyard-based organisation of this robust and useful typology, it evolves a new expressive tectonic language. Here, the traditional ringbeam is exposed and incorporates other functions such as water collection and lateral thrust resistance, allowing for an open, unbraced timber roof. The structure is therefore responsive not just to the demands of gravity but also to the climate, the local building cultures and traditional materiality. The typical south-facing, sheltered courtyard is lined with a shallow colonnade connecting inside and out through a deep threshold. This formal element faces the crisply manicured and perfectly square courtyard set in contrast to the wild field beyond.

The finishes reflect the rural character of the house with a slate tile roof, white limewashed walls and a rough cast concrete finish. The house sits quietly in a field adjacent to Lough Corrib, familiar and yet distinctly unique.

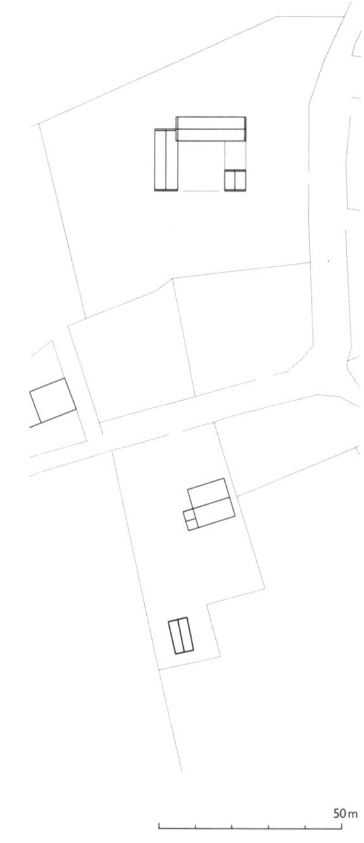

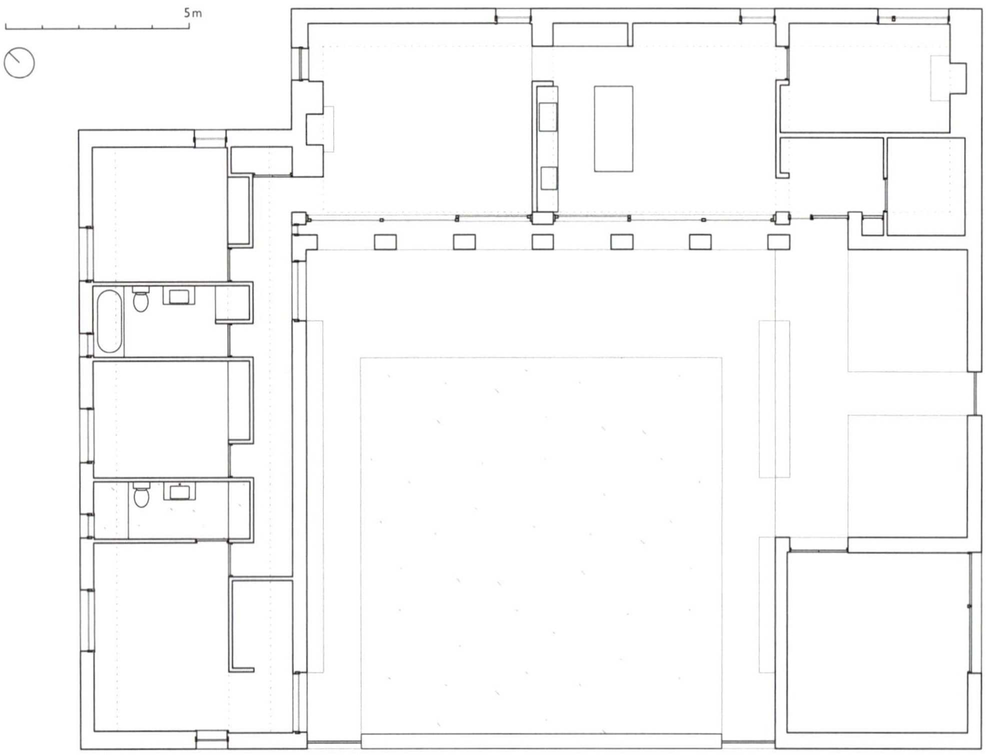

Projektdauer: 2012–2014
Projektteam: Ronan Costelloe
Bauunternehmen: Padraig Davoren
Ingenieurbüro: J. G. Quirke Associates

Project duration: 2012–2014
Team: Ronan Costelloe
Contractor: Padraig Davoren
Engineer: J. G. Quirke Associates

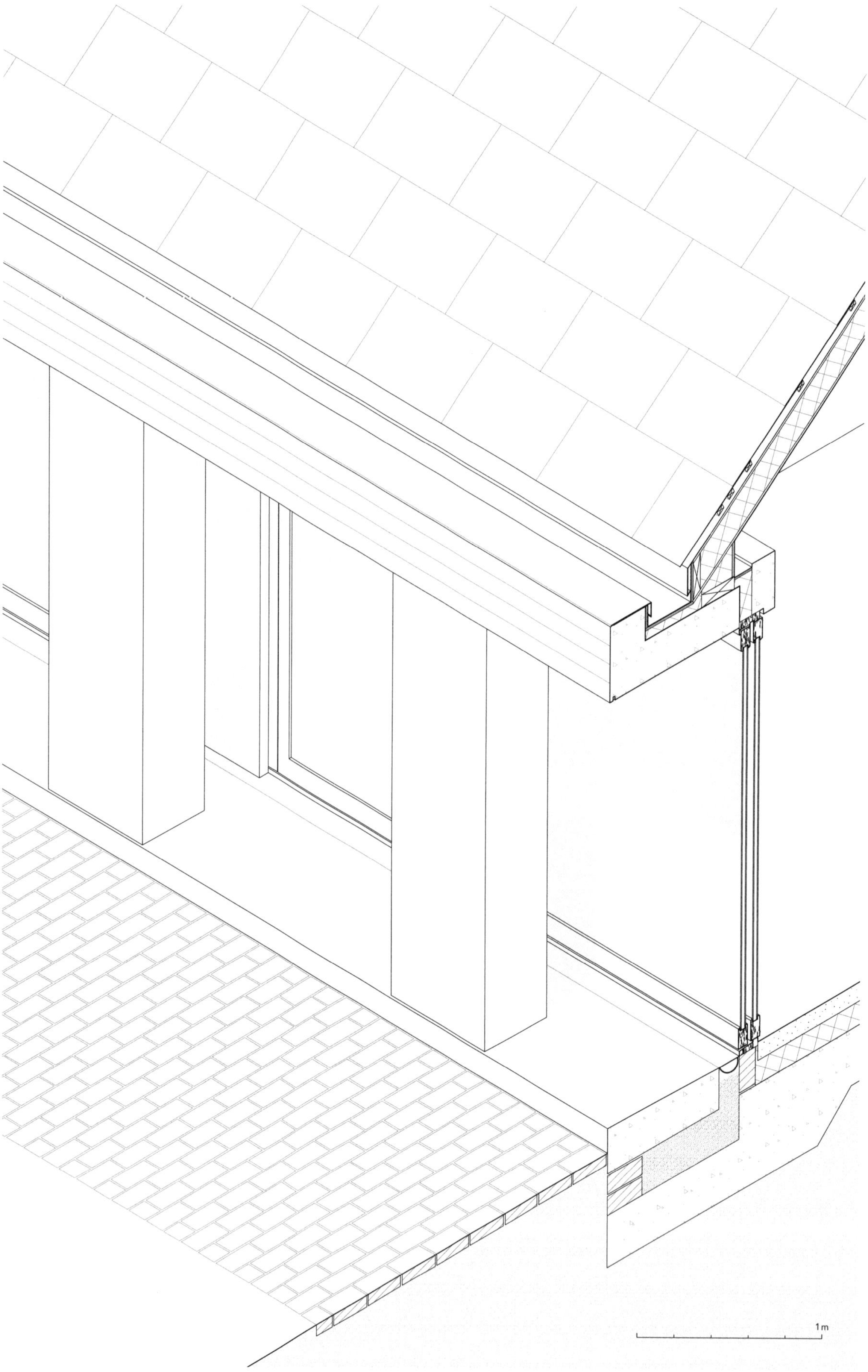
1m

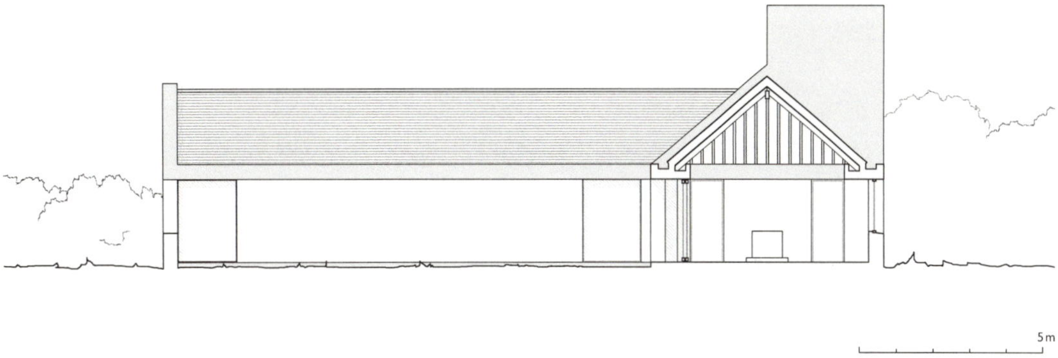
5m

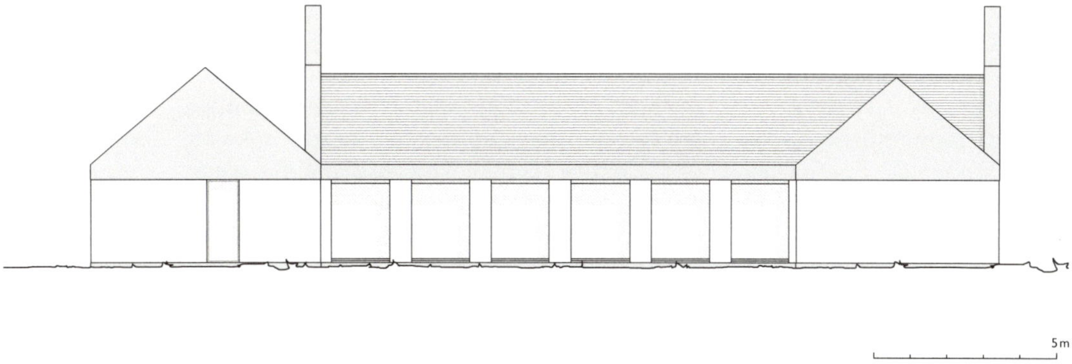
5m

Das ländliche Städtchen Ballyvaughan ist am Rande des Burren gelegen, eines Landstrichs, der in gewisser Weise die karge, steinige und wettergegerbte Abgeschiedenheit des ganzen Landes verkörpert. Die allgegenwärtigen Bruchsteinmauern sind der Nutzbarmachung des Landes für die Landwirtschaft geschuldet: Sie schufen kleine geschützte Räume für den Ackerboden und verhinderten, dass die Erde ins Meer geweht wird. Bruchstein ist das vorherrschende Baumaterial aller Gebäude, von Kirchen über Häuser und Scheunen bis hin zu den Trögen auf den Feldern, in denen Wasser für das Vieh gesammelt wird. Jeder Aussenraum in dieser Gegend ist ummauert, selbst die vegetationslosen Berggipfel.

Wir haben uns daher entschlossen, diese steinernen, raumbildenden Mauern in das Haus zu integrieren. Unsere Aufgabe sahen wir lediglich darin, schützende Dächer zwischen ihnen aufzuspannen. Diese Art, Räume zu erschaffen, würde überall in dieser Landschaft funktionieren. Grosse Balken aus rauem Beton nehmen die einfache Dachkonstruktion aus Holz auf und leiten das Wasser in Auffangrinnen – auf diese Weise werden Gebäudestruktur und Wetter miteinander konfrontiert. Die elementare Einfachheit steht im Einklang mit dieser elementar anmutenden Landschaft. Wir stellen uns eine Zeit in der Zukunft vor, in der alle Elemente des Hauses bis auf die dauerhaften Steinmauern verschwinden und das Haus wieder zu einem Feld wird.

The rural town of Ballyvaughan sits on the edge of the Burren, a landscape that somehow epitomises the barren, stoney and weather-beaten isolation of the entire country. The pervasive dry stone walls were the necessary result of clearing land for agriculture, while providing small sheltered spaces to create soil and prevent it from blowing into the sea. Rubble (free) stone is the dominant building material of all buildings, from churches to houses, to barns, to even the troughs for collecting water in the fields for cattle. Every external space in this landscape is walled, even the vegetation-free mountain tops.

We chose, therefore, to fold these stony space-making walls into our house and thought of our project as merely to make sheltering roofs to span between them. It is a way of making spaces that could work anywhere in this landscape. Large beams in rough concrete contain the simple timber roof structure while directing water to collection troughs, creating a confrontation with both the structure and the weather. The elemental simplicity resonates with the elemental feeling of this countryside. We imagine a time in the future when all of the elements of the house would fade away, apart from the enduring stone walls, and the house would become a field again.

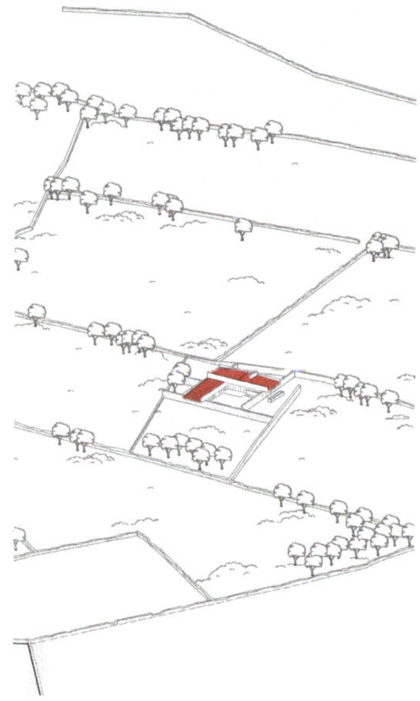

Projektdauer: 2017–2018
Projektteam: Jarek Adamczuk, Colin Mac Suibhne
Ingenieurbüro: Charlotte Murphy Consulting Engineers

Project duration: 2017–2018
Team: Jarek Adamczuk, Colin Mac Suibhne
Engineer: Charlotte Murphy Consulting Engineers

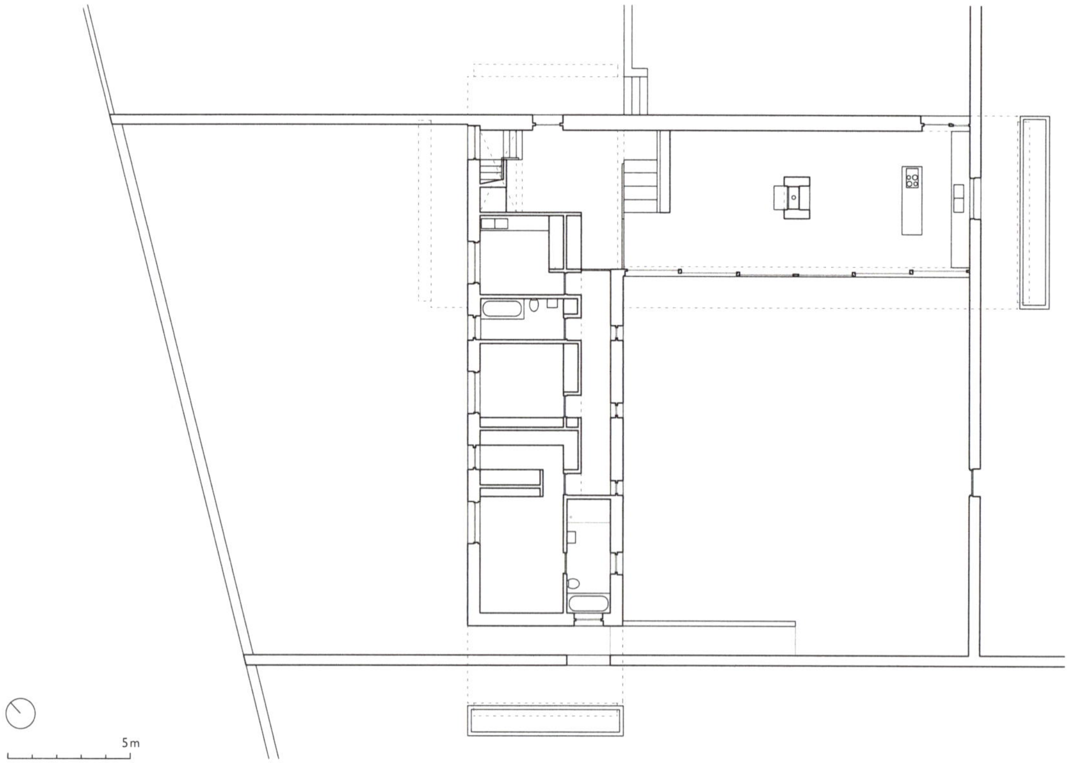

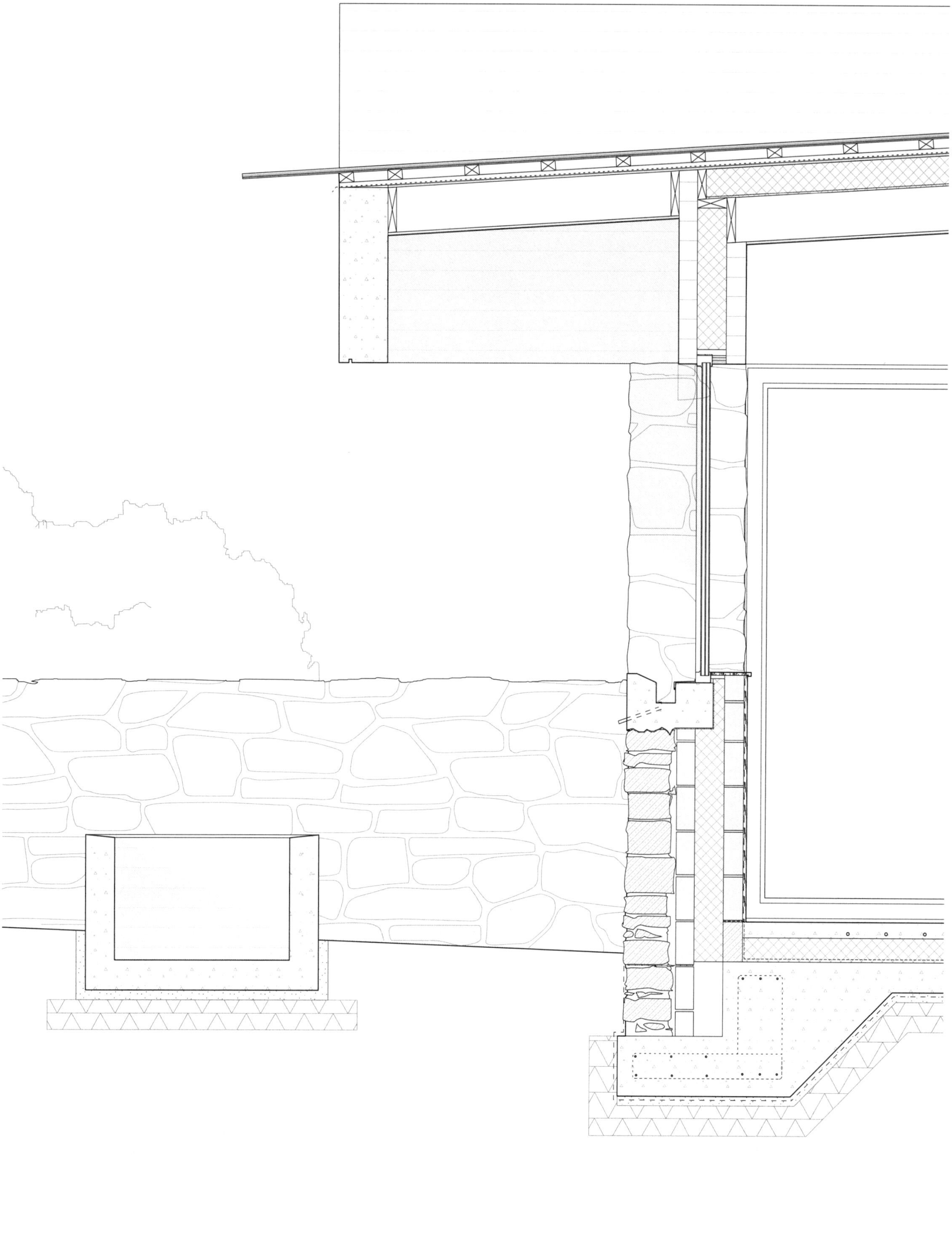
1 m

ARCHITEKTUR = BAUEN + (EIN BISSCHEN) MAGIE

Michael Benedikt

Das vorliegende Buch ist vermutlich erst der Anfang einer ganzen Reihe von Monografien, die über Ryan Kennihan erscheinen werden. Welcher Art werden diese Monografien sein? Wird Kennihan dem Weg folgen, den viele herausragende Lehrende/Praktizierende eingeschlagen haben: von Häusern und Renovierungen über öffentliche Bauten zu – zahlreichen und preisgekrönten – grösseren Projekten für Unternehmen, Universitäten und Regierungen? *Wachstum* ist letztendlich doch Zeichen und Substanz des Erfolgs im Architekturbereich: Mit einer Handvoll junger Architektinnen und Architekten startend, hat das Büro später Hunderte von Mitarbeitenden, ist wettbewerbsfähig und zeichnet gewinnbringend verantwortlich für lauter bedeutende Gebäude auf der ganzen Welt.

Büros von Architekturschaffenden mit akademischem Hintergrund werden in der Regel nicht derart gross. Ein Grund dafür ist, dass die Unterstützung, die Architekturprofessorinnen und -professoren von ihrer Universität erhalten (und für die sie von den Praktizierenden vor Ort oft beneidet werden), mit Verpflichtungen einhergeht, und zwar nicht nur mit der, die nächste Generation in die Geschichte, die Ideale und die Techniken der Kunst einzuführen, sondern auch mit der Verpflichtung, diese Geschichte kritisch zu betrachten – wenn nicht sogar selbst einen Platz darin einzunehmen –, den Idealen der Kunst gerecht zu werden und ihre Wissensbasis und Techniken weiterzuentwickeln. Architektur zu lehren bedeutet, mehr oder weniger dauerhaft Ehrfurcht vor den grossen Architektinnen und Architekten der Vergangenheit zu haben. Es bedeutet – sollte «Ehrfurcht» ein zu starkes Wort und «Grösse» eine zu suspekte Kategorie sein –, sich von den Kräften begeistern zu lassen, die seit Jahrtausenden die Gestalt von Architekturen formen: Klima, Materialien, Kultur; Licht, Mathematik, Schwerkraft; Profit, Arbeit, Macht…; und es bedeutet den Versuch, diese Kräfte auf theoretischer Ebene zu verstehen und – mit Blick auf die vertrauensvollen Studierenden und eine interessierte Kollegenschaft – selbst fantasievoll und umfassend auf sie zu reagieren. Man kann nicht einfach «von der Front berichten». Kurzum: Die akademische Berufung kostet Zeit und bremst einen, wenn man wirklich nur bauen möchte, aus. Der andere Grund ist, dass die meisten, die lehren und praktizieren, von ihrem Temperament her nicht über jene schillernde Rücksichtslosigkeit verfügen, die erforderlich ist, um grosse, kommerziell erfolgreiche Unternehmen zu führen.[1]

Ob Kennihans Büro grösser wird, hängt natürlich (teilweise) von ihm ab. Die Frage ist, ob es das überhaupt muss. Ich möchte «Nein» sagen. Und ich möchte auch ausführen, warum: Weil Magie Zeit braucht, um sich zu vervollkommnen, Zeit, um wahrgenommen und gewürdigt zu werden, weil sie nicht in Massen produziert und nicht messbar werden kann. Alle Wunder sind gross. Sie alle sind der Beweis für eine höhere Ordnung als jene völlig offensichtliche vor unseren Augen. Das gilt für die religiöse Ebene genauso wie für die (vielleicht nur vermeintlich?) niedrigere Ebene der Magie. Sei es das Durchbrechen eines unerwarteten Lichtstrahls oder das Vorbeiziehen einer duftenden Brise… die Unvergesslichkeit gewisser Ereignisse entscheidet letztlich darüber, ob etwas Magisches geschehen ist, etwas von schwer fassbarer Bedeutung. In der Kunst und

1 Die Universität stammt vom Kloster ab, entsprechend stammen Professorinnen und Professoren von den Mönchen ab. Bis heute streitet sich die Professorenschaft intern über den Grad und die Art ihres Engagements im Alltagsleben, in der Wirtschaft und in der Politik. Das Streben nach materiellem Wohlstand ist in der Professorenschaft durchaus verpönt, ebenso wie die Darstellung der Hochschulbildung als «Industrie», die (es schaudert mich bei dem Gedanken) «Wissensarbeiterinnen» und «Wissensarbeiter» beschäftigt. Akademikerinnen und Akademiker sollen sich mit «höheren Dingen» beschäftigen.

ARCHITECTURE = BUILDING + (A LITTLE) MAGIC

Michael Benedikt

This monograph is likely to be the first of several that will be written about Ryan Kennihan. How will those monographs look? Will Kennihan follow the path taken by many superb teacher-practitioners, going from doing houses and renovations to community buildings, then on to larger ones – many and prize-winning ones – for corporations, universities, governments? *Growth* is the sign and substance of success in the architecture profession after all: the firm, starting with a handful of young architects, becoming not just hundreds-strong and battleship-stable, but profitably responsible for scores of significant buildings around the world.

The practices of architects based in academia do not typically grow that large. One reason is that the support that Architecture professors get from their university (often envied by local practitioners) comes with obligations, obligations not just to induct the next generation to the history, ideals and techniques of the art, but to take a critical perspective on – if not also a *place in* – that history themselves, to *live up to* the art's ideals, and to *develop* its knowledge base and techniques. To teach architecture is to live more-or-less permanently in awe of the great architects of the past. It is to live – if "awe" is too strong a word and "greatness" too suspect a category – enthralled by the forces that have shaped buildings for thousands of years: climate, materials, culture; light, mathematics, gravity; profit, labour, power..., attempting to understand them at a theoretical level and to respond to them, oneself, imaginatively and comprehensively in front of trusting students and side-glancing colleagues. One cannot simply "report from the trenches". In sum, the academic calling takes time and slows one down if one really just wants to build. The other reason is that, temperamentally, most teacher-practitioners lack the dazzling ruthlessness required to run large, commercially successful firms.[1]

Whether Kennihan's practice grows large is (partly) up to him, of course. The question is, does it need to? I want to say "no". And I want to say why. It is because magic takes time to perfect, time to appreciate, cannot be mass-produced and cannot be weighed. All miracles are large. All are evidence of an order higher than the most obvious one in front of us. This is true for the religious mind, but it is also true at the lower (is it really?) plane of magic. Be it in the peeking-through of an unexpected light or the passing by of a perfumed breeze... the unforgettability of certain events decides by itself, as it were, whether something magical has transpired, something bearing indeterminate significance. In the domains of art and architecture, certainly, there is no size requirement, or frequency requirement; and indeed, the mandate to repeat, proliferate, or enlarge "magical moments" may well make producing them – the real thing – impossible. Poems can be bigger than books. Magic works its own magic, one might say, and I hope to show how it does so in the architecture of Ryan Kennihan.

1 The university is descended from the monastery, after all: professors are descended from monks. To this day, the professoriate quarrels with itself about the degree and kind of engagement it should have with everyday life, business and politics. Certainly, ardent concern with material wealth is frowned upon by the professoriate, as is casting higher education as an "industry" employing (shudder the thought) "knowledge workers". Academics are supposed to concern themselves with "higher things".

der Architektur sind Grösse oder Häufigkeit sicherlich in der Hinsicht nicht massgeblich; und tatsächlich kann der Auftrag, «magische Momente» zu wiederholen, zu vervielfachen oder auszudehnen, ihr Erschaffen – das, worum es eigentlich geht – unmöglich machen. Gedichte können grösser sein als Bücher. Man könnte sagen: Magie erwirkt ihre eigene Magie – und ich hoffe, zeigen zu können, wie dies in der Architektur von Ryan Kennihan gelingt.

Magie! Ich suchte nach einer Theorie dazu. Gewiss war dergleichen schon geschrieben worden – und in der Tat wurde ich fündig: in Marcel Mauss' *Theorie der Magie* von 1904.

Mauss war ein bahnbrechender Anthropologe, der aufzeigte, dass viele der scheinbar irrationalen Überzeugungen der «Primitiven» auf ihre ganz eigene Weise rational, das heisst sozial nützlich oder entwicklungsgeschichtlich anpassungsfähig waren. Dazu zählte der Glaube, dass die Gesetze des physikalisch Möglichen auf bestimmte Weise und für bestimmte Menschen (Schamanen, Hexen) negierbar oder zumindest verhandelbar sind. Man *konnte* an zwei Orten gleichzeitig sein, durch Wände gehen, Dinge verschwinden lassen, in die Zukunft sehen, Regen machen oder fliegen. Man musste nur wissen, wie.

Dann gibt es da auch noch, ungefähr zur selben Zeit, James Frazers populärere Abhandlung *Der goldene Zweig* und, etwas früher, William Lethabys zumeist übersehenes Werk *Architecture, Mysticism, and Myth.* Und man könnte auch Jung nochmals lesen. All diese Autoren verweisen auf die Rolle der Magie in den alten Religionen und darauf, dass die nachfolgenden «neuen», abrahamitischen Religionen – das Judentum, das Christentum und der Islam – der volkstümlichen Zauberei äusserst feindselig gegenüberstanden (und immer noch stehen). Nur *ihre* Form der Übernatürlichkeit war zulässig.[2] Im Gefolge der Aufklärung wurden religiös-magische Praktiken durch eine Reihe nicht mystischer, symbolischer, psychologischer und schliesslich entwicklungsgeschichtlicher Erklärungen ihres Nutzens und ihrer punktuellen Wirksamkeit geschützt, ja gerechtfertigt. An diesem Punkt befinden wir uns noch heute. Die Magie selbst ist sozusagen in den Untergrund geflüchtet, in die Fantasy-Literatur (die wir immer noch lesen und als Verfilmungen ansehen, siehe *Harry Potter*) und in okkulte Quasi-Religionen wie Freimaurerei, Rosenkreuzertum und Anthroposophie. Nur sehr wenige Menschen bekennen sich heute zu diesen Glaubensrichtungen. Aber sie haben ihre Spuren in der Architektur hinterlassen. Wie könnte es auch anders sein? Wenn man sich Gott als Architekten vorstellt, wie es in der Freimaurerei der Fall ist, fällt der Architektur selbst die Macht zu, Zeit und Raum zu sakralisieren, das Schicksal zu beeinflussen, Leben zu gestalten… sofern man über das entsprechende Wissen verfügt. Die Verflechtung der Architektur mit dem Okkultismus ist eine interessante Angelegenheit,[3] aber weder ich noch Kennihan sind Historiker oder Fabulierer. Die Art von Magie, die uns interessiert, ist bei Weitem trockener.

Nehmen wir also den unteren, weltlichen Weg und schauen uns die professionellen Magier an. Ja, die Bühnenzauberinnen, Zirkuszauberer, Kinderpartyzauberinnen, Fernsehmagier, Kaninchen-aus-dem-Hut-Zauberinnen, Wo-ist-die-Lady-geblieben-Zauberer, die alle gerne als *Illusionistinnen* oder *Zauberer* bezeichnet werden. Ist es möglich, dass diese modernen Unterhaltungskünstlerinnen und -künstler, die «das Unmögliche» tun, indem sie Dinge sowie Lebewesen verschwinden oder schweben lassen und Gedanken lesen, noch immer unsere tiefsten Überzeugungen und Wünsche hinsichtlich

2 Man denke an Tieropfer (im frühen Judentum), die christliche Taufe, die Eucharistie, das Fürbittengebet, die von Jesus und den Heiligen vollbrachten Wunder, die unheimlichen mentalen Kräfte des Baal Schem Tov (Gründer des chassidischen Judentums).

3 Siehe Anthony Vidler, *The Architectural Uncanny*, Cambridge, Massachusetts 1992.

Magic! I went looking for a Theory. Surely such a thing had been written, and indeed it had: Marcel Mauss's 1904 *A General Theory of Magic.*

Mauss was a pioneering anthropologist concerned with showing how many of the apparently irrational beliefs of "primitives" were rational in their own way, i.e. socially useful or evolutionarily adaptive. Those included the belief that the laws governing what is physically possible were, in certain ways and for certain people (shamans, witches), negatable, or at least negotiable. You *could* be in two places at once; you *could* pass through walls, you *could* make things disappear, see the future, bring rain, or fly. You just had to know how.

There was also James Frazer's more popular treatment of around the same time in *The Golden Bough* and William Lethaby's earlier, overlooked *Architecture, Mysticism, and Myth*. And I could read Jung again. All these writers noted magic's role in ancient religions and how the "new" Abrahamic religions that followed – Judaism, Christianity and Islam – were (and remain) utterly hostile to popular sorcery. Only *their* brand of supernaturalism was permissible.[2] After the Enlightenment, religio-magical practices began to be protected by, justified by, a ring of non-mystical, symbolic, psychological and eventually evolutionary explanations of their usefulness and sometime effectiveness. This is where we are today. Magic itself fled underground, as it were, into fantasy literature (which we still read and watch, witness *Harry Potter*) and into occult quasi-religions like Freemasonry, Rosicrucianism and Anthroposophy. Very few people subscribe to these today. But they left their marks on architecture. How could they not? When God is imagined an architect, as He is in Freemasonry, architecture itself inherits the power to sacralize time and space, to bend fortunes, to shape lives… *if* you have the Knowledge. Architecture's involvement with occultism makes for interesting reading,[3] but neither I nor Kennihan are historians or fabulists, and the kind of magic we are interested in is drier by far.

Bealalaw House, umfangreiche Erweiterung und Renovierung eines Hauses, Carlow, 2015
Bealalaw House, major extension and refurbishment of house, Carlow, 2015

2 Consider animal sacrifice (early Judaism), Christian baptism, the Eucharist, intercessionary prayer, the miracles performed by Jesus and the saints, the uncanny mental powers of the Baal Shem Tov (founder of Hasidic Judaism).
3 See Anthony Vidler: *The Architectural Uncanny*, Cambridge, Massachusetts, 1992.

der Realität und ihrer Kompromisslosigkeit offenbaren und ansprechen? Und könnten diese Überzeugungen und Sehnsüchte dazu beitragen, den Unterschied zwischen architektonischen Werken und blossen Gebäuden zu erklären?[4]

Hier eine einfache Gleichung: Architektur = Bauen + (ein bisschen) Magie.[5]

Zaubererinnen und Zauberer bezeichnen wir als Illusionistinnen und Illusionisten. Sie selbst nennen sich so. Heute glaubt niemand mehr an das Übernatürliche, und das erste, was wir wissen wollen, nachdem wir einen Zaubertrick gesehen haben, ist: *Wie* wurde er gemacht? Aber jetzt kommt das Seltsame: Ein Zauberer oder eine Zauberin kann Ihnen genau zeigen, wie der Trick funktioniert. Er oder sie kann ihn in Zeitlupe und mit entsprechender Erklärung ausführen, aber die Illusion bleibt bestehen, wenn der Trick noch einmal vorgeführt wird. Wir staunen erneut. Die Magie verliert sich nicht.[6]

Und so mag Kennihan den Flitch-Balken über dem Erkerfenster, das scheinbar von der Traufe des Hauses in Bealalaw herabhängt, ebenso gut erklären wie die stählernen Ausleger, die dieses Erkerfenster stützen,[7] aber unsere Kenntnis davon berührt nicht unser Erstaunen darüber, dass eine einzelne, den First haltende Säule wie eine Turnerin auf der Mitte eines stählernen Schwebebalkens landet, der wiederum in der Mitte («der schlimmste Ort!», klagt der Ingenieur) eines Möchtegern-Fenstersturzes steht; «Möchtegern», weil das Fenster darunter verschwunden ist und der Sturz als Proszeniumsbogen über der Vorbühne eines breiten, weiter entfernten Erkerfensters dient, das den Blick in die Ferne freigibt. Das Fenster selbst leuchtet durch die raffiniert zugeschnittenen Pfosten,[8] das Ensemble lässt das Tageslicht zwischen den filigranen Sparren nach oben und zurück in den Raum scheinen. Sparsamer und geschickter hätte man das nicht machen können – und mit «das» ist gemeint: ein Effekt, der, übertragen auf Licht, Raum und Struktur, so magisch wirkt wie Tauben, die aus einem Taschentuch flattern.

Man könnte auch auf die Formalität von Kennihans Architektur zu sprechen kommen. Sie hat weniger mit der Formalität der schweizerischen und deutschen Gegenwartsarchitektur zu tun – all den Wiederholungen und der Strenge – als mit jener Formalität, welche die Magie erfordert, ebenso wie Magier und Magierin sie benötigen: eine anmutige Ökonomie der Gesten («Schauen Sie auf meine Hände»), Zurückhaltung im Ausdruck, ein Gleichgewicht von Gliedmassen und Objekten, allgegenwärtiger

4 Arthur C. Clarke hat einmal gesagt: «Jede hinreichend fortgeschrittene Technologie ist von Magie nicht zu unterscheiden.» Das Radio galt einst als magisch, und davor war es der motorisierte Flug der Menschen. Wir, die mit einem Wunderwerk an donnernden, atemberaubenden SFX-Filmen und Videospielen aufgewachsen sind (ganz zu schweigen von den klassischen Tricks des Kinos), haben weniger Geduld für die stille Magie um uns herum: den Flug der Libellen, ein Solo von Gonzalo Rubalcaba, das röntgenartige Spiel von Weichheit und Härte zwischen den Schatten oder die Farben, die entstehen, wenn sich Licht in Wasser bricht. Nicht nur die Stille ist heute seltener, vielmehr füllen wir jeden freien Moment mit den magischen Effekten unserer Smartphones, die wir immer bei uns tragen – Licht aus sich selbst heraus, sich drehende Symbole, das Aufscheinen und Verschwinden durch Berührung, Nachrichten von anderen und an andere in der Ferne. Es ist schwer, sich dem Bann des Mobiltelefons zu entziehen.

5 Dies ist eine sehr alte Gleichung, neu formuliert. Wir nehmen Folgendes an: «Gebäude» = Beständigkeit und Rohstoff, «Magie» = Freude. Es ist allerdings so, dass ein wenig Magie viel Vergnügen bereitet. Zu viel davon ermüdet, zu viel Magie untergräbt die Realität der Welt, die sie erleichtern soll.

6 Täuschung unter Menschen ist üblich, ebenso die Lüge. Aber «Magie ist anders», schreibt Peter Lamont. «Sie ist eine einzigartige Form der Täuschung, (eine) bei der wir wissen, dass man uns täuscht, aber trotzdem getäuscht werden. Unter solchen Bedingungen würden Lügner, Schlangenölverkäufer und Trickbetrüger scheitern. Ihre Täuschungen gründen auf mangelndem Misstrauen. Vom Magier hingegen wissen wir, dass er täuscht, und er muss trotzdem Erfolg haben […] Nur Magiere erklären, dass sie Sie täuschen werden, und halten dann ihr Wort.» Peter Lamont / Jim Steinmeyer, *The Secret History of Magic*, New York 2018, S. 9 (Übersetzung Zitat: Miriam Seifert-Waibel). Babys lassen sich von Zauberern und Zauberinnen nicht beeindrucken: Man muss schon feste Vorstellungen davon haben, was möglich ist und was nicht, um die Fähigkeiten eines Illusionisten oder einer Illusionistin zu schätzen.

7 Vgl. Minute 58:40 bis 1:02 in Kennihans Vortrag vor der Edinburgh Architectural Association, verfügbar unter: https://zoom.us/rec/play/IFQ40oiYYfr8SVvFWDPrTY4vpccdKH54KNjkD5_uu9M4hYu1VOQonFLSCdfGo5rLYUqCVtpT2303bLv1.L8-T58gNjrHbFw5F (zuletzt abgerufen: 20.10.2021).

8 Natürlich leuchten alle Erkerfenster durch das Licht, das schräg von den Gebäudeaussenflächen zurückgeworfen wird. Der Zauber von Erkern besteht darin, dass sie sowohl Licht einlassen als auch (scheinbar) selbst Licht erzeugen, wie Laternen. Zudem erweitern Erker die Aussicht in ihre unmittelbare Umgebung und bilden Halbräume. Die von Kennihan vorgenommene Abschrägung der Pfostenabschnitte ist typisch für die traditionelle, feine englische Architektur. Dadurch wird der Kontrast zwischen den Pfosten und der Helligkeit des Aussenbereichs gemildert und die Breite der Pfosten visuell verringert. Dieser «Trick» geht auf die Gotik zurück.

Let us travel, then, the lower, secular road and look at professional magicians. Yes, stage magicians, circus magicians, children's party magicians, TV magicians, rabbit-out-of-the-hat, where-did-the-lady-go? magicians, all happy to be called *illusionists* or *conjurers*. Is it possible that these modern entertainers, with their "impossible" vanishings, levitations and mind-readings, are manifesting still, and appealing still, to our deepest beliefs and desires with respect to Reality and its intransigence? And might these beliefs and desires help account for the difference between works of *architecture* and mere buildings?[4]

Here's a simple proposition: architecture = building + (a little) magic.[5]

We call magicians "illusionists". *They* call themselves that. No one believes in the supernatural today and the first thing we want to know after witnessing a "magic trick" is: *how* was it done? But here's the weird thing: a magician may show you exactly how it's done. They may do it in slow motion and with verbal accompaniment, but the illusion still holds when they perform the trick again. We marvel again. The magic does not dissipate.[6]

And so Kennihan may explain perfectly well the flitch beam across and the steel cantilevers supporting, a bay window seemingly suspended from the eaves of the house at Bealalaw,[7] but our knowing these truths does not undo our wonder at how a single, ridge-holding column alights like a gymnast upon the middle of a steel balance beam, which itself alights in the middle ("the worst place!" cries the engineer) of a would-be lintel over a window – "would-be" because the window beneath is gone and the lintel is re-cast as a proscenium arch over the fore-stage of wide, bay window further away, giving on to a distant view. The window itself glows by virtue of cleverly-sectioned mullions,[8] and the whole ensemble causes daylight to shine *up* between a filigree of rafters and back into the room. One could not have done this more economically or deftly, "this" being: an effect as magical, in the medium of light, space and structure, as doves fluttering out of a handkerchief.

4 Arthur C. Clarke famously said that, "any sufficiently advanced technology is indistinguishable from magic." Radio was once considered magical, and before that, powered human flight. Today, raised on thundering, eye-ripping, miracle-dispensing SFX movies and video games (not to mention the routine tricks of cinema), we have less patience for the quiet magic all around us: the flight of dragonflies, the solos of Gonzalo Rubalcaba, the X-ray-like play of softness and hardness among shadows, or the colours of refracted water. Not only is quietness rarer today, but we fill every idle moment with the magical effects provided by our always-with-us smartphones – light from itself, twirling icons, touch-sensitive appearances and disappearances, messages to and from faraway others. It's hard not to be under your phone's spell.

5 This is a very old proposition re-cast. Let "building" = firmness and commodity; let "magic" = delight. It's just that a little magic produces a lot of delight. Too much of it tires; too much of it undermines the realness of the world that magic counts on being a relief from.

6 Deception among people is common, and so is lying. But "[m]agic is different," writes Peter Lamont. "It is a unique form of deception, [one] in which we know we are being deceived, but still we are deceived. In such conditions, the liar, the snake-oil salesman, and the con artist would fail. Their deceptions are based on lack of suspicion. The magician, however, is known to deceive and yet has to succeed in spite of this… Only magicians explain that they will deceive you, and then live up to their word." Peter Lamont and Jim Steinmeyer: *The Secret History of Magic*, New York 2018, p. 9. Babies are not impressed by magicians: one has to have firm beliefs about what is possible and what is not to appreciate the skill of an illusionist.

7 Watch 58:40 to 1:02 of Kennihan's lecture to the Edinburgh Architectural Association, available at https://zoom.us/rec/play/IFQ40oiYYfr8SVvFWDPrTY4vpccdKH54KNjkD5_uu9M4hYu1VOQonFLSCdfGo5rLYUqCVtpT2303bLv1.L8-T58gNjrHbFw5F (last accessed: October 20, 2021).

8 Of course, all bay windows glow because of light reflected back upon them from the building's exterior surfaces through the angled side lights. The magic of bay windows is that they both admit light and (seemingly) produce light themselves, like lanterns. Bay windows also widen the view near to them and make half-rooms.
Kennihan's bevelling of the mullion-sections is common in traditional, fine English architecture. It eases contrast between the mullions and the brightness of outdoors, and it visually reduces their width. The "trick" goes back to the Gothic era.

Symmetrie («A ist wie B, nicht wahr?»), eine heitere Zuversicht hinsichtlich der Frage, wie sich die Dinge entwickeln werden, und eine umfassende Aufmerksamkeit für gesellschaftliche Konventionen. All dies übt, in einem Gebäude kombiniert, eine sanfte Autorität auf Besuchende aus. Es wird ein Zauber gesprochen. So wird die Magie, wenn sie sich entfaltet, zu einer Überraschung, keinesfalls aber zu einem Zufall.

Und hinter den Kulissen, wenn man so will, geht es um Geschicklichkeit. Fingerfertigkeit ist das *A und O* praktizierender Zauberkünstlerinnen und -künstler, ebenso wie eine ausgezeichnete Ausrüstung, die Liebe zum Detail und das Wissen, was die Menschen von welcher Stelle aus wahrnehmen werden.

Linnésches Klassifikationssystem, 1732
Linnaean System of Classification, 1732

Kennihans Gebäude finden sich vor allem in ländlichen oder wenig besiedelten Gegenden. So kann er sich intensiv mit der irischen Geschichte auseinandersetzen: mit älteren Gebäuden, hässlichen Gebäuden, strassenbegleitenden Fassaden, Bauernhofruinen, Steinmauern und Strebepfeilern, längst verschwundenen Gärten und noch länger verschwundenen Wäldern. Und dann ist da noch der Regen. Indem er mit diesen Dingen arbeitet, sie ausspielt, ihnen Respekt zollt und so weiter, schliesst sich Kennihan jenen Architekturschaffenden auf der ganzen Welt an, die sich für Bewahrung oder Kontextualismus interessieren. Aber für Kennihan scheint das in die Jahre gekommene Material noch mehr zu bewirken: Es verleiht dem Werk eine druidische Note, so wie der Torf beim Whiskey. Ohne diese Komponente würde sein gewissermassen minimalistischer, moderner Stil – knackig, weiss, untermöbliert – eher an den Schweizer Rudolf Olgiati (Vater von Valerio Olgiati) oder den Japaner Kazuo Shinohara erinnern.

Mehr noch als diese beiden Architekten liebt Kennihan jedoch die *Tradition* (er nennt sie «Baukultur»); und er liebt den *Typus*. Ohne Tradition, so glaubt er, ginge der Faden verloren, der uns in den Nebel der lokalen Geschichte und zu ihren imaginären Anfängen zurückführt. Ohne «Typizität» kann ein Gebäude nicht Teil einer *Familie* sein, die eine Geschichte hat und zwischen deren Mitgliedern subtile Vergleiche gezogen werden können. Die Idee des Typus hat selbst eine lange Geschichte. Von Aristoteles' biologischen Kategorien über die botanischen Studien Carl von Linnés bis zur modernen Kladistik und in der Architektur von Quatremère de Quincy und Jean-Nicolas-Louis Durand bis zu Oswald Mathias Ungers und Colin Rowe in Cornell (wo Kennihan studierte) wurde die natürliche Form – und im Anschluss die architektonische Form – als etwas Unpersönliches, «Morphologisches», Kombinatorisches, Geometrisches verstanden, am besten illustriert durch kleine Isometrien in Tinte von durchleuchteten, in Rastern angeordneten Gebäudephysiognomien: Gebäude eines Typs, dargestellt wie die Varianten einer Insektenart. Vorbei waren die Zeiten romantischer Darstellungen von fertigen Gebäuden (oder Blumen).

In den 1980er Jahren ging die biologische Analogie in der Architektur in die Linguistik über. Gebäude haben Bedeutung aufgrund ihrer Ähnlichkeit zu anderen, durch Wiederholung und Beinahe-Wiederholung. Sie stammen «immer schon» ab, sind «immer schon» eingebettet, «immer schon» Teil eines Systems von Differenzen und Ähnlichkeiten, das sich über Zeit oder Raum oder beides erstreckt.[9]

Es wäre nicht falsch, in all dieser «Systematisierung» eine Möglichkeit zu sehen, die Architektur mithilfe der Informatik über das Kybernetische, das Parametrische und

9 Bis in die 1980er Jahre hinein verlieh dieses Denken in den Begrifflichkeiten Derridas den Gebäuden eher eine syntaktische als eine semantische Bedeutung, und Architekturschaffende wie Peter Eisenman begründeten auf diesem Unterschied ihre Karriere. Eine erschöpfende Untersuchung des Ähnlichkeitsbegriffs, die nicht auf Mathematik beruht, liefert Paul North mit *Bizarre-Privileged Items of the Universe: The Logic of Likeness*, New York 2021. Zu meiner eigenen Auseinandersetzung mit dem Thema siehe *Architecture Beyond Experience*, San Francisco 2020, S. 197–201, und «One, Two, Three, …Louis, I., Kahn», in: Michael Merrill (Hrsg.) / Louis Kahn, *The Importance of a Drawing*, Zürich 2021, S. 325–352.

We might also note the *formality* of Kennihan's architecture.[9] This has little to do with the formality of contemporary Swiss and German architecture, say – all repetition and rigour – and rather more to do with the formality that magic requires and that *magicians* require too: a graceful economy of gesture ("watch my hands"), a reserve in expression, a balance of limb and object with symmetries everywhere ("A is like B, no?"), a serene confidence in how things will turn out and a disarming attention to social conventions. All of these, when combined in a *building*, exercise a gentle authority over the visitor. A spell is cast. This makes the magic, when it happens, a surprise… but no accident.

And behind the scenes, as it were, there is dexterity. Dexterity is the *sine-qua-non* of practicing magicians; and so is excellent apparatus, devotion to detail and knowing what people will experience from where.

Kennihan's buildings are set chiefly in rural or low-density locations. This enables him to engage Irish history quite physically: older buildings, ugly buildings, street-long façades, farmyard ruins, stone walls and buttresses, long-gone gardens and longer-gone forests. And then there's the rain. In as much as he "works with" these things, "plays off" them, "pays them respect" etc., Kennihan joins architects around the world interested in preservation or contextualism. But for Kennihan, the older material seems to do more: it adds a Druidic note to the work, just as peat does to whiskey. Without it, his somewhat minimalist, Modern style – crisp, white, under-furnished – would remind us more of Switzerland's Rudolf Olgiati (father of Valerio) or Japan's Kazuo Shinohara.
More than these two architects, however, Kennihan loves *tradition* (he calls it "building culture") and he loves *type*. Without tradition, he believes, the thread would be lost that leads us back into the fog of local history and its imagined dawn. Without "typicalness", a building cannot belong to a *family* with history, and among whose members subtle comparisons can be made. The idea of *type* itself has a long history. From Aristotle's biological categories, to Carl Linneaus's botanical studies, to modern cladistics, and, in architecture, from Quatremere de Quincy and J-N-L Durand, to O. M. Ungers and Colin Rowe at Cornell (where Kennihan studied), natural form – and then architectural form – was understood as something impersonal, "morphological", combinatorial, geometric, best illustrated by small isometrics, in ruled ink, of X-rayed building-physiognomies arrayed in grids: buildings of a *type* shown like the varieties of a species of insect. Gone were romantic renderings of finished buildings (or flowers).

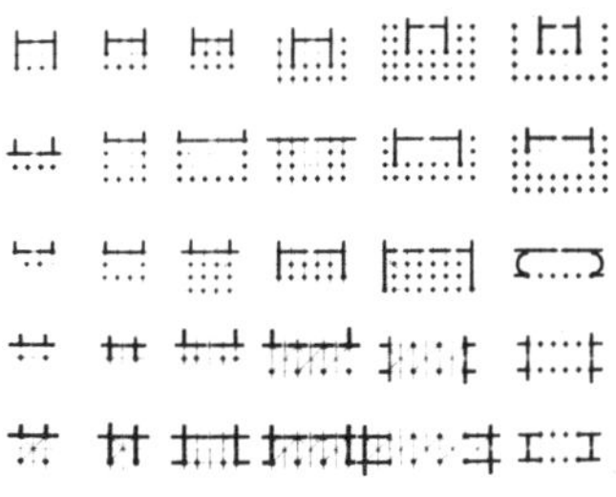
Jean-Nicolas-Louis Durand, Porches, 1802
Jean-Nicolas-Louis Durand, Porches, 1802

In the 1980s, the biological analogy in architecture crossed over into linguistics. Buildings have meaning by virtue of their resemblance to others, by repetition and near repetition. They are "always already" descended and embedded, "always already" part of a system of differences and similarities spread out in time or space or both.[10]

9 Add to this his professional comportment.
10 Cast in Derridean terms through the 1980s, these thoughts gave buildings a more syntactic than semantic meaning, and architects like Peter Eisenman made a career of the difference.
For an exhaustive study of the notion of likeness unassisted by mathematics, see Paul North, *Bizarre-Privileged Items of the Universe: The Logic of Likeness*, New York 2021. For my own treatment of the subject, see *Architecture Beyond Experience*, San Francisco 2020, p. 197–201, and "One, Two, Three, … Louis, I., Kahn," in Michael Merrill, Ed., *Louis Kahn: The Importance of a Drawing*, Zurich 2021, p. 325–352.

das Biomimetische mit den Naturwissenschaften zu verbinden.[10] Oder sie mit einem alten alchemistischen Traum zu verknüpfen, nämlich dem, «unedle» Stoffe (wie Salz und Blei) durch blosse Umordnung, Konfiguration, Behandlung und Beimischung in «edle» Stoffe (wie Gold) zu verwandeln.

Klingt für mich nach *Design*.

Wie dem auch sei, wir sollten bedenken, dass die Alchemie auf Armeslänge durchgeführt wurde. Die gewünschten Reaktionen fanden in Tanks, Töpfen und Flaschen statt. Es müssen nur die richtigen Vorbereitungen getroffen werden, und die Verwandlung geht los, egal wer man ist oder wo. Das Gleiche gilt für die moderne Wissenschaft, und das wird als Vorteil angesehen: Der Wissenschaftler oder die Wissenschaftlerin arrangiert die Dinge lediglich und beobachtet das Ganze dann aus der Ferne. Die Natur macht die Arbeit. Akzeptiert man das als Modell, verändert sich plötzlich das Bild des magischen Architekten, der magischen Architektin: Aus einer Person, die mit den Menschen, die Gebäude wollen, und jenen, die sie errichten, lebensweltlich interagiert, wird ein Ingenieur oder eine Ingenieurin im Labormantel, der oder die Verfahren – die ein Lehrling wiederholen könnte – an Objekten durchführt, die keine eigene Vergangenheit, keine Eigenschaften oder Gefühle haben.[11] Heutzutage können Architekturschaffende Formgebungsverfahren mehr denn je aus der Ferne begleiten, indem sie Algorithmen verwenden, um noch nie dagewesene Formen aus Materialien herzustellen (zu «drucken» oder zu lasern), die kein vorheriges Leben, keine vorherigen Formen oder Absichten besitzen.[12] Das ist nicht automatisch gut.

Und so nehmen wir mit einer gewissen Erleichterung zur Kenntnis, dass Kennihan in seiner architektonischen Praxis, zumindest nach eigenen Angaben, langsam vorgeht, dass er sich für lokale Materialien und Methoden sowie den persönlichen Dialog mit seinen Auftragnehmenden und deren Subunternehmen einsetzt. Kennihan will seinen «Holzmann» beispielsweise nicht öffentlich nennen, aus Angst, er könnte ihm «gestohlen werden». Es hat den Anschein, als wolle er seine Zauberer und Zauberinnen schützen.

Das erinnert uns an Carlo Scarpas lebenslange Zusammenarbeit mit «seinen» Metall-, Holz-, Glas- und Gipshandwerkern.[13] Und natürlich erinnert uns das an die mittelalterliche Tradition der Architekten als Baumeister und vice versa. Auch Handwerkerinnen und Handwerker streben von sich aus nach Magie, selbst wenn sie gebeten werden, gewöhnliche Dinge herzustellen – eine Steineinfassung, ein Bücherregal, ein Fenster, ein Treppengeländer. Diese Dinge müssen nicht auf den ersten Blick aussergewöhnlich sein. Ganz im Gegenteil. Genauso wie ein Bühnenmagier Sie davon überzeugt, wie gewöhnlich sein Schrank ist, indem er ihn dreht, dagegenklopft, die Türen öffnet, sehen die Arbeiten echter Handwerkerinnen und Handwerker – ebenso wie

Baltrasna House, Neubau eines Landhauses, Dublin, 2020
Baltrasna House, new-build rural house, Dublin, 2020

10 Es lassen sich auch andere Verbindungen herstellen: zu Darwin und Derrida.

11 Chirurginnen und Chirurgen würden sicherlich zittern, möglicherweise sogar weinen, wenn sie mit ihren Patientinnen oder Patienten befreundet und/oder diese nicht betäubt wären. Es gibt einen Grund, warum sie so kurz angebunden sind, wenn sie einen am nächsten Morgen besuchen. Es ist nicht, weil sie zu beschäftigt sind.
Zu der Vorstellung, dass unbelebte Objekte in einem nicht nur metaphorischen Sinne auch Gefühle und Wünsche haben, siehe die objektorientierte Ontologie (OOO) und meine Ausführungen in *Architecture Beyond Experience* (wie Anm. 9). Varianten des Animismus sind unter Künstlern, Dichterinnen, Bildhauern und Architektinnen weit verbreitet.

12 Es besteht ein erheblicher Unterschied zwischen der Planung mit vorgefertigten, lokal verfügbaren Bauteilen wie Ziegeln, Metalldächern, Sperrholzplatten, vorgefertigten oder wiederverwendeten Fenstern und so weiter und der Planung mit Bauteilen und Elementen, die individuell aus Rohstoffen hergestellt werden müssen. Die zweite Option wird oft als wünschenswerter angesehen, ist aber sicherlich teurer. Die besten Dichterinnen und Dichter allerdings verwenden «Wörter von der Stange» und verlassen sich auf die Vielseitigkeit dieser Wörter, um Sätzen – die noch nie zuvor gesprochen wurden und dennoch idiomatisch sind – einen grösseren Nachhall zu verleihen. Kennihan frönt jedoch nicht der Bricolage, wie es Frank Gehry mit seinem Haus in Venedig tat. Die Eleganz liegt Kennihan im Blut. Die Konventionalität seiner konstruktiven Entscheidungen darf nie zum Vorschein kommen. Das Hemd mag aus billiger Baumwolle sein, aber es ist perfekt gebügelt.

13 Wir sollten uns auch in Erinnerung rufen, dass Scarpa im Grunde während seiner gesamten Laufbahn als Dozent am Universitätsinstitut für Architektur in Venedig tätig war und seine Praxis stark von seinem Einkommen als Akademiker abhing. Kahn lehrte in Yale und Pennsylvania. So gut wie alle wegweisenden Architekturschaffenden profitierten von ihrer Lehrtätigkeit an der Universität.

You would not be wrong to see in all this "systematising" a way of linking architecture to the natural sciences via the cybernetic, the parametric and the biomimetic thanks to computing,[11] and linking it as well as to an earlier, alchemical dream, the dream, that is, of transforming "base" things (like salt and lead) into "noble" things (like gold) merely by arrangement, configuration, treatment and admixture.

Sounds like *design* to me.

Be that as it may, let us note that alchemy was performed at arm's length. The desired reactions happened in tanks, pots and flasks. Make the right preparations and the transformations happen *no matter who you are* or where. The same is true of modern science, and it's considered a plus: the scientist arranges things just so and then watches from a distance. Nature does the work.

Accept this as a model and suddenly the image of the magician-architect shifts. It shifts from that of a person life-involved with the people who *want* buildings *and* the people who *make* them, to that of the lab-coated engineer executing procedures – ones an apprentice could repeat – on objects that have no pasts or qualities or feelings of their own.[12] Today, architects can follow form-producing procedures more remotely than ever, using algorithms to make ("print" or laser cut) unprecedented shapes out of materials that have no prior lives, forms or intentions.[13] This is not, automatically, a good thing.

And so it is with some relief that we learn that Kennihan, at least by his own account, practices architecture slowly, committed to local materials and methods as well as to personal dialogue with his contractors and subcontractors. Kennihan will not publicly name his "timber man" for example, for fear of him being "stolen away". It would seem he is protecting his sorcerers.

We recall Carlo Scarpa's lifelong involvement with "his" metal, wood, glass and plaster craftsmen.[14] Indeed, we recall the medieval tradition of architects *as* master-builders and vice versa. On their own, craftspeople seek out magic too, even as they are asked to make ordinary things – a stone surround, a book case, a window, a stair rail. These need not *jump out at you* to be amazing. Quite the contrary. Just as the stage magician persuades you of how *ordinary* his cabinet is, swivelling it, tapping it, opening its doors, the work of true craftsmen, like Kennihan's designs for them, look typical until you look again.[15] Wait a minute! The gutters at the Beach Road House in Galway are a foot away from their roofs! They float free and don't slope. Will the rain go fast enough to jump

11 Other linkages can be drawn too: to Darwin and Derrida.

12 Surgeons would surely tremble, even weep, if their patients were their friends and/or not anaesthetized. There's a reason they're so curt when they visit you the next morning. It's not because they're busy.
For an exploration of the notion that inanimate objects, in some not-*entirely*-metaphorical sense, have feelings and desires too, see *OOO (Object Oriented Ontology)* and my own *Architecture Beyond Experience* (op. cit.). Varieties of animism are rife among artists, poets, sculptors and architects.

13 There is a considerable difference between designing with readymade, locally available components like bricks, metal roofing, plywood sheets, pre-made or re-used windows and so forth, and designing with components and members that have to be custom fabricated from raw materials. The second option is often thought more desirable; it is certainly more expensive. The best poets use off-the-shelf words, however, counting on those words' multi-purpose robustness to give sentences – never before uttered, yet idiomatic – greater reverberance. Kennihan does not indulge in bricolage, however, as Gehry did with his house in Venice. Elegance runs in Kennihan's veins. The conventionality of his constructional choices is never allowed to show. The shirt may be cheap cotton, but it is ironed to perfection.

14 We might also recall that Scarpa was a teacher at the University Institute of Architecture in Venice for essentially his whole career, his practice being quite dependent on his income as an academic. Kahn taught at Yale and Penn. Just about every pioneering architect was supported by their university teaching.

15 Of the quality of Kennihan's dialogue with his clients one knows little. That dialogue is conspicuously absent from all architects' accounts of their work. Shall we ascribe this to doctor-patient-like confidentiality? Only partly. It is just as much a consequence of the architect's desire to create buildings that transcend, if only because they will outlast, the particular wants and tastes of their clients. Much to clients' frustration, architects answer to other gods too, such as: their art's best practices, their art's history and the public interest.

Kennihans Entwürfe für sie – normal aus, bis man nochmal hinschaut.[14] Warten Sie einen Moment! Die Dachrinnen des Beach Road House in Galway sind etwa 30 Zentimeter vom Dach entfernt! Sie hängen frei und haben kein Gefälle. Wird der Regen schnell genug fliessen, um diesen Abstand zu überwinden? Sehen wir hier einen Barkeepertrick: frei aus der Höhe giessen, ohne einen Tropfen zu verschütten? Diese kleine magische Virtuosität wird auch von Teeserviererinnen und -servierern in arabischen Ländern, insbesondere in Marokko, praktiziert. Der Tee schäumt in der kleinen Tasse genauso auf wie das Wasser unter einem Wasserfall. Beim Beach Road House verbergen sich die Fallrohre in pfeilerartigen Stützen. Zu ihren Füssen ergiesst sich das Regenwasser in offene Betonschalen, die bei jedem Pfeiler eine andere Form aufweisen.

Wir betrachten die Magie in einem modernen Kontext, das heisst mit dem Wissen, dass übernatürliche Kunststücke in Wirklichkeit «Effekte» sind, die viel Vorbereitungsarbeit, unbekannte oder überlegene Technologien und ein beträchtliches Mass an Geschicklichkeit, Intelligenz, Kraft und Beobachtungsgabe erfordern … All diese Dinge dienen, im Falle der Magierinnen und Magier, der Unterhaltung. Aber bei der Magie geht es um mehr als nur um Unterhaltung, wie wir bereits festgestellt haben. Es gibt einen roten Faden, der tief in unser Gehirn führt, an jenen Ort, wo Glaube und Unglaube aufeinandertreffen. Geringstenfalls dient die Magie dazu, unsere Gewissheit darüber, wie die Dinge funktionieren oder wie sie aussehen sollten, ins Wanken zu bringen. Magie – selbst Magie, die wir rational durchschauen – lässt von dem Vorgang oder Objekt eine Art Licht erstrahlen, das uns mit Glück erfüllt, weil wir Zeuginnen oder Zeugen waren.[15] Anders gesagt: Magische Effekte sind in ihrer Intentionalität Darbietungen von Virtuosität, die uns hinterfragen lassen, was wirklich möglich ist … vielleicht auch für uns. Sie sind der Beweis dafür, dass im Brummen Musik steckt – Risse in der Trommel des Alltagseinerleis.

Wie geht es jetzt weiter?

Ein Besuch bei Wikipedia führt uns zu einer praktischen Liste magischer Effekte.[16] Wenn meine Gleichung «Architektur = Bauen + Magie» stimmt, dann sollten wir für die meisten Effekte in der Architektur Entsprechungen finden, selbst wenn wir uns auf moderne Architektur und letztlich auf jene von Ryan Kennihan beschränken. Ein paar Effekte habe ich bereits beschrieben, hier nun aber die Wikipedia-Liste, in leicht überarbeiteter Form:

Produktion: Der Magier oder die Magierin erschafft etwas aus dem Nichts: ein Kaninchen aus einem leeren Hut, einen Kartenfächer aus der Luft, einen Münzregen aus einem leeren Eimer. Oder der Zauberer beziehungsweise die Zauberin selbst erscheint aus einer Rauchwolke. All diese Effekte zählen zum Produktionszauber.

Verschwindenlassen: Die Zauberkünstlerin oder der Zauberkünstler lässt etwas verschwinden: eine Münze, einen Käfig mit Tauben, Milch in einer Zeitung, eine

14 Über die Qualität des Dialogs, den Kennihan mit seiner Kundschaft führt, ist wenig bekannt. Dieser Dialog fehlt auffälligerweise in *allen* Berichten von Architekturschaffenden über ihre Arbeit. Sollten wir dies auf die ärztliche Schweigepflicht zurückführen? Nur zum Teil. Es ist ebenso sehr eine Folge des Wunsches, Gebäude zu erschaffen, die über die spezifischen Anliegen und den Geschmack ihrer Kundschaft hinausgehen, und sei es nur, weil sie sie überdauern werden. Zur Enttäuschung der Bauherrschaft unterstehen Architektinnen und Architekten auch anderen Göttern: den bewährten Praktiken und der Geschichte ihrer Kunst sowie dem öffentlichen Interesse.

15 Zu wissen, dass etwas eine Illusion ist, schmälert das Staunen nicht sonderlich. Es hilft nicht im Geringsten zu wissen, dass es ein Magnetfeld ist, das die Stahlkugel in der Luft schweben lässt (was ist überhaupt ein «Magnetfeld»?); oder dass die Taube die ganze Zeit im Ärmel war; oder dass der abmontierte Wasserhahn, der unaufhörlich Wasser in eine Schüssel sprudeln lässt, in Wirklichkeit von einem dünnen, nach oben gerichteten Wasserstrahl gespeist wird, der sich in der nach unten ablaufenden äusseren Schale zentriert. Ähnlich verhält es sich, wenn wir bei einem Gebäude einen langen Balken sehen, der wie ein Blatt im Raum «schwebt»; dann hilft es wenig, rational zu wissen, dass in die Wandstruktur ein tief reichendes, freitragendes Fachwerk eingearbeitet ist. Natürlich ist das so. Aber schauen Sie nur!

16 Vgl. https://en.wikipedia.org/wiki/Magic_(illusion)#Categories_of_effects. Im deutschen Wikipedia gibt es hierzu keine Entsprechung [Anm. d. Übers.].

the gap? Are we watching a bartender's trick: free-pouring from a height without spilling a drop? This small-magic virtuosity is also practiced by tea servers in Arabic countries, especially Morocco. The tea foams in the tiny cup just as it does at the bottom of a waterfall. At the Beach Road House, downspouts are hidden in buttress-like columns. The rainwater reappears at their feet, where it pours into open, cast bowls, different in shape for each buttress.

We are looking at magic in a modern framework, which is to say, on the knowledge that supernatural feats are really "effects" involving much preparation, unknown or superior technology, and considerable dexterity, intelligence, strength and powers of observation… all these things in order, in the case of magicians, to entertain. But there is more to magic than entertainment, as we've begun to see. There's a thread that runs deep into the place in our brains where belief *and* disbelief comingle. At the very least, magic serves to unsettle our certainties about How Things Work, or How Things Should Look. Magic – even magic that we *know* has a rational explanation – lets a kind of light shine from the deed or object that makes us feel fortunate to have been there to witness it.[16] Put another way: magical "effects", because they are intentional, are displays of virtuosity that make us wonder what's *really* possible… perhaps for us too. They are proof that there's music in the hum, and cracks in the drum, of humdrum.

Where to go from here?

A visit to Wikipedia yields a handy list of magical effects. If I am right that "architecture = building + magic", then we ought to find analogues for most effects in architecture, even if we restrict ourselves to modern work and then to Ryan Kennihan's. I have described a few effects already, but here is the Wikipedia list, lightly copy-edited:

Productions: The magician produces something from nothing: a rabbit from an empty hat, a fan of cards from thin air, a shower of coins from an empty bucket. Or the magician him or herself appears in a puff of smoke. All of these effects are productions.

Vanishes: The magician makes something disappear: a coin, a cage of doves, milk from a newspaper, an assistant from a cabinet, or even the Statue of Liberty.[17] A vanish, being the reverse of a production, may use a similar technique in reverse.

Transformations: The magician transforms something from one state into another: a silk handkerchief changes colour, a lady turns into a tiger, a random playing card changes to the spectator's chosen card. A transformation can be seen as a combination of a vanish and a production.

16 Knowing that something is an illusion doesn't much reduce the marvel that he or she naturally experiences. It helps not a whit to know that a magnetic field is making a steel ball hover in mid-air (what is a "magnetic field" anyway), or that the dove was in the sleeve all the time, or that the amputated faucet, which is endlessly gushing water into a bowl, is actually being fed by a thin upward jet of water centred in the downward-flowing outer shell. Similarly, when we see a long bar of a building "floating" in space like a leaf, it hardly helps to know, rationally, that a deep cantilever-truss has been worked into the wall structure. Of course it has. But look!

17 Wikipedia®, The Free Encyclopedia, March 2011, "Vanishing the Statue of Liberty," August 15, 2011 <http://en.wikipedia.org/wiki/Vanishing_the_Statue_of_Liberty> (last accessed: October 20, 2021).

Assistentin oder einen Assistenten in einem Schrank oder sogar die Freiheitsstatue.[17] Ein «Verschwindezauber» ist die Umkehrung eines Produktionszaubers und kann eine ähnliche Technik in umgekehrter Reihenfolge anwenden.

Verwandlung: Der Zauberer oder die Zauberin verändert den Zustand einer Sache oder eines Lebewesens: ein Seidentaschentuch wechselt die Farbe, eine Dame verwandelt sich in einen Tiger, eine beliebige Spielkarte verwandelt sich in die von jemandem im Publikum gewählte Karte. Eine Verwandlung kann als Kombination aus Verschwindenlassen und Produktion betrachtet werden.

Wiederherstellung: Die Magierin oder der Magier zerstört etwas oder jemanden und versetzt es, ihn oder sie dann in den ursprünglichen Zustand: Ein Seil wird durchgeschnitten, eine Zeitung zerrissen, eine Frau in zwei Hälften zersägt,[18] eine geliehene Uhr zertrümmert – und dann werden sie alle wiederhergestellt.

Teleportation: Der Zauberkünstler oder die Zauberkünstlerin lässt etwas von einem Ort zum anderen «wandern»: ein geliehener Ring findet sich in einem Wollknäuel wieder, ein Kanarienvogel in einer Glühbirne, ein Assistent oder eine Assistentin in einem Schrank landet unversehens im hinteren Teil des Theaters. Wenn zwei Gegenstände den Platz tauschen, spricht man von einer Transposition – einer gleichzeitigen doppelten Teleportation.

Entfesselung: Die Zauberkünstlerin oder der Zauberkünstler wird gefesselt und/oder in eine tödliche Falle gesteckt und entkommt sicher. Beispielsweise wird sie oder er in einer Zwangsjacke in einem sich füllenden Wassertank versenkt oder gefesselt in ein Auto gesetzt, das auf dem Weg in die Autopresse ist.

Levitation: Der Zauberer oder die Zauberin setzt sich über die Schwerkraft hinweg, indem er oder sie entweder etwas in der Luft schweben lässt oder mithilfe eines anderen Objekts im Schwebezustand (Suspension) hält. Eine silberne Kugel schwebt um ein Tuch, eine Assistentin oder ein Assistent schwebt in der Luft, ein Schal tanzt in einer verschlossenen Flasche, der Zauberer oder die Zauberin selbst schwebt einige Zentimeter über dem Boden.

Durchdringung: Die Zauberkünstlerin oder der Zauberkünstler lässt einen festen Gegenstand durch einen anderen hindurchgehen: Ein Satz Stahlringe verbindet sich miteinander und löst sich wieder, eine Kerze durchdringt einen Arm, Schwerter durchdringen einen Assistenten oder eine Assistentin in einem Korb, ein Salzstreuer durchdringt die Tischplatte, ein Mensch geht durch einen Spiegel.

Vorhersage: Die Zauberin oder der Zauberer sagt die Wahl einer beliebigen Person im Publikum beziehungsweise den Ausgang eines Ereignisses unter scheinbar unmöglichen Umständen voraus: eine Zeitungsschlagzeile wird vorhergesagt, der Gesamtbetrag des Kleingelds in der Tasche dieser Person, ein auf eine Schiefertafel gezeichnetes Bild.

Kurz gesagt: Zweifellos wird von Architekturschaffenden zumeist die Levitation angestrebt. Die Geschichte der Architektur lässt sich in der Tat am besten als eine Geschichte zunehmender Spannweiten erzählen, von steinernen Stürzen über Bögen, Gewölbe, Kuppeln, Fachwerke, Stahlbetonschalen bis hin zu Spaceframes und luftgestützten Strukturen. Balkenwerk, auskragende Elemente, Strebewerk und extreme Auskragungen: Der Auftrag (wer ihn erteilt hat, ist ungewiss) bestand stets darin, Gebäude – vor allem ihre Dächer, aber manchmal auch ihre Böden – zum Schweben, Fliessen, Fliegen, Hängen, Schwingen oder Wogen zu bringen, scheinbar ohne Stützen,

Kenilworth Park, Erweiterung und Renovierung eines Hauses, Dublin, 2018
Kenilworth Park, extension and refurbishment of house, Dublin, 2018

17 Vgl. https://de.wikipedia.org/wiki/David_Copperfield_(Zauberk%C3%BCnstler)#cite_note-2 (zuletzt aberufen: 20.10.2021).

18 Vgl. https://de.wikipedia.org/wiki/Zers%C3%A4gte_Jungfrau (zuletzt aberufen: 20.10.2021). Es sollte erwähnt werden, dass die erste weibliche Magierin, die einen Mann in zwei Hälften sägte, Dorothy Dietrich war (vgl. https://en.wikipedia.org/wiki/Dorothy_Dietrich (zuletzt aberufen: 20.10.2021).

Restorations: The magician destroys an object, then restores it back to its original state: a rope is cut, a newspaper is torn, a woman is sawn in half,[18] a borrowed watch is smashed to pieces – then they are all restored to their original state.

Teleportations: The magician causes something to move from one place to another: a borrowed ring is found inside a ball of wool, a canary inside a light bulb, an assistant from a cabinet to the back of the theatre. When two objects exchange places, it is called a *transposition*: a simultaneous, double teleportation.

Escapes: The magician is placed in a restraining device or death trap and escapes to safety. Examples include being put in a straitjacket in an overflowing tank of water and being tied up and placed in a car that is sent through a car crusher.

Levitations: The magician defies gravity, either by making something float in the air, or with the aid of another object (suspension). A silver ball floats around a cloth, an assistant floats in mid-air, a scarf dances in a sealed bottle, the magician hovers a few inches off the floor.

Penetrations: The magician makes a solid object pass through another: a set of steel rings link and unlink, a candle penetrates an arm, swords pass through an assistant in a basket, a saltshaker penetrates the table-top, a man walks through a mirror. Sometimes referred to as a "solid-through-solid".

Predictions: The magician predicts the choice of a spectator, or the outcome of an event under seemingly impossible circumstances: a newspaper headline is predicted, the total amount of loose change in the spectator's pocket, a picture drawn on a slate.

To be brief: there can be little doubt that the effect most sought after by architects is Levitation. The Story of Architecture, in fact, is most economically told as the story of increasing "spans", from stone lintels, to arches, to vaults, to domes, to trusses, to reinforced concrete shells, to space-frames and air-supported structures. From trabeation to corbelling, flying buttresses and extreme cantilevers, the mandate (where it comes from is uncertain) has been to make buildings – and especially their roofs, but sometimes their floors too – hover, float, fly, hang, rocket or billow, apparently unsupported, as though free of gravity, while walls turn to glass (and so Vanish) to prove they do not support.[19] The mandate to achieve long spans by impossibly slender means has dominated whole genres of modern architecture. Think of Mies van der Rohe's *Farnsworth House*, think of every building by Paulo Mendez de la Rocha (and many South American architects since); think even of Frank Lloyd Wright's totemic *Kaufman House* – "Falling Water" – which not only floats among the

18 Wikipedia®, The Free Encyclopedia, March 2011, "Sawing a woman in half", August 15, 2011 <http://en.wikipedia.org/wiki/Sawing_a_woman_in_half> (last accessed: October 20, 2021). It's worth noting that the first woman magician to saw a man in half was Dorothy Dietrich (https://en.wikipedia.org/wiki/Dorothy_Dietrich).

19 Where does this "mandate" come from? With the help of George Lakoff and Mark Johnson (*Metaphors We Live By*, Chicago 2003) we can speculate: down is associated with sinking, dying, burial, slowness, darkness, immobilisation. Up is associated with health, life, light, freedom, speed. Down is dirt and Gehenna; up is fresh air and Heaven. For humans, such associations are ancient. All over the Middle East, small-windowed mural buildings near the ground belonged to peasants or the working class, while tall, columnar structures, situated on hilltops or pedestals and roofed against the sky, belonged to the rich and powerful.
Another source of the "mandate to soar" comes from architects' long envy of engineers – their bridges, hangars, ships, dirigibles, cranes and aeroplanes. All defeat gravity. As Peter Collins narrates in *Changing Ideals in Modern Architecture*, this envy goes back to the 1800s when architects, fustily preoccupied with the appropriateness of various classical styles, were upstaged by engineers, like Gustave Eiffel, who captured the public imagination.
Engineering envy persists in academe today, this as design instructors alarmed by climate change treat architecture wholly as infrastructure, and a building's life as a matter of material and energy flows, a part of the biological life cycle.

als wären sie der Schwerkraft entzogen; im selben Zuge werden die Wände zu Glas (und *verschwinden*), um zu zeigen, dass sie nicht tragend sind.[19] Der Auftrag, grosse Spannweiten mit unmöglich filigranen Mitteln zu erreichen, hat alle möglichen Spielarten der modernen Architektur beherrscht. Man denke etwa an Mies van der Rohes Farnsworth House, an jegliches Gebäude von Paulo Mendes de la Rocha (und vieler südamerikanischer Architektinnen und Architekten seither); man denke sogar an Frank Lloyd Wrights totemisches Kaufmann-Haus «Fallingwater», das nicht nur zwischen den Bäumen schwebt, sondern unter sich einen Wasserstrom *produziert,* so wie der Berg Horeb für Moses (Exodus 17,6). Man denke an die Fensterbänder und Pilotis der Villa Savoye und ihr schiffsähnliches Deck oder aber an das Dach des Heidi-Weber-Pavillons. Weiche, elende Schwerkraft! Lass andere an die Erde gebunden sein. Architektur beginnt in der Luft.

Und so lenkt Kennihan unsere Aufmerksamkeit auf Decken und Untersichten, strebt hinauf zum Dachgeschoss, setzt einen harten Cut zwischen Wandende und Beginn des Dachs[20] – er investiert in den Einbau und die Verarbeitung von Dachsparren, die trotz ihrer grossen Anzahl zauberhaft leicht für ihre Aufgabe erscheinen. Viele Architekturschaffende tun dies natürlich, um Räume zu definieren und/oder um auf überraschende Weise Licht in den tiefsten Teil eines Grundrisses eindringen zu lassen. Kennihan tat Letzteres beim Shandon House und beim Kenilworth Park, wo ein gewundenes Profil aus dem Nichts erschaffen wurde. Ersteres tat er unter anderem beim Harold's Cross House. Im Falle des Gemeindezentrum Vita House ging er noch einen Schritt weiter, indem er eine ruhige, ovale Himmelskuppel (zu deren Geschichte siehe Lethaby) über dem Versammlungsraum erschuf, bei der alle Anzeichen eines Stützensystems *verschwunden* sind. Und dann wären da noch einfachere Kunststücke: Im Marino Park House verwandelt zum Beispiel ein Wandspiegel ein halbkreisförmiges Oberlicht in einen mächtigen, vertikalen Lichtzylinder, aber nur, wenn man schräg hineinblickt, was bedeutet, dass man sich nie darin sehen kann.[21]

Wiederherstellungen (Restaurierungen) sind, das versteht sich fast von selbst, das Hauptgeschäft vieler Architektinnen und Architekten, und die «bringen etwas zurück»: alte Gebäude, zerbombte Gebäude, lange vernachlässigte Gebäude. Nun möchte man sagen: Selten zerstört ein Architekt oder eine Architektin sie erst wie ein Zauberer oder eine Zauberin, um sie dann (voilà!) wiederherzustellen, aber in den Augen der Öffentlichkeit mag dies durchaus so scheinen, wenn Gerüste aufgestellt und Abdeckungen

19 Wer hat diesen «Auftrag» erteilt? George Lakoff und Mark Johnson (*Metaphors We Live By*, Chicago 2003) führen uns auf eine Spur: Das *Unten* wird mit Versinken, Sterben, Begraben, Langsamkeit, Dunkelheit, Unbeweglichkeit assoziiert, das *Oben* hingegen mit Gesundheit, Leben, Licht, Freiheit, Geschwindigkeit. *Unten* sind der Schmutz und die Gehenna, *oben* frische Luft und der Himmel. Diese Assoziationen reichen in die Urzeit der Menschheit zurück. Im gesamten Nahen Osten wurden bodennahe Bauten mit kleinen Fenstern der Bauern- oder Arbeiterklasse zugeordnet, während jene hohen, säulenartigen Bauten auf Hügeln oder Sockeln, deren Dächer zum Himmel strebten, den Reichen und Mächtigen gehörten.
Ein weiterer Quell des «Auftrags zum Schwebenlassen» ist der lang gehegte Neid der Architektenschaft gegenüber der Ingenieursdisziplin mit ihren Brücken, Hangars, Schiffen, Luftschiffen, Kränen und Flugzeugen. Sie überwinden allesamt die Schwerkraft. Peter Collins führt diesen Neid in *Changing Ideals in Modern Architecture 1750–1950* (2. Auflage, Montreal 2014) auf das 19. Jahrhundert zurück, als sich die Architektenschaft brav mit der Brauchbarkeit verschiedener klassischer Stile beschäftigte und dabei von Ingenieuren wie Gustave Eiffel in den Schatten gestellt wurde, die mit ihren Werken die Fantasie der Öffentlichkeit beflügelten. Der Neid gegenüber der Ingenieursdisziplin hält sich in der akademischen Welt hartnäckig, zumal die durch den Klimawandel beunruhigten Designlehrenden Architektur ausschliesslich als Infrastruktur und das Leben eines Gebäudes als Material- und Energiefluss betrachten, als Teil des biologischen Lebenszyklus.

20 … und manchmal auch tiefer, wie bei dem bilderschienenhohen Wechsel der Wandfarbe im Gemeindezentrum Vita House, um so eine Art Horizont zu malen, eine Linie, über der sich Decke und obere Wandzone zu einem Himmel vereinen. Ein in der vormodernen Architektur durchaus gängiger «Trick».

21 Ah, Spiegel: der beste Freund von allen, die zaubern oder Architektur erschaffen. Keiner hat den Spiegel kunstvoller eingesetzt als Sir John Soane in seinem Haus in Lincoln Inn Fields. Einen wissenschaftlichen Bericht über seine Arbeit hat Danielle Willkens verfasst: «Clouds and Cataracts: Optical Experiments at Sir John Soane's Museum», in: *Technologie / Architektur + Design*, Nr. 3/2, 2019, S. 211–220. Erwähnenswert ist auch: Soane war zudem Grossmeister bei den Freimaurern, ein Experte seines Handwerks.
Durch das Weglassen des Spiegels hinter dem Waschbecken umging Kennihan zweierlei: die Befangenheit des oder der Geschirrspülenden sowie Spritzer und Seifenreste, die durch Spiegel in der Nähe von Waschbecken und Duschen nur noch stärker sichtbar werden.

trees but also Produces a stream from under it the way Mount Horeb did for Moses (Exodus 17:7). Think of the ribbon windows and pilotis at Villa Savoye and its ship-like deck, or the roof of the Heidi Weber Pavilion. Begone foul gravity! Let others be earthbound. Architecture begins above the head.

And so we find Kennihan drawing our attention to ceilings and soffits, seeking loft, making a hard line between where the walls end and the roof begins,[20] and "putting money" into the fit and finish of rafters which, for all their numerosity, seem magically light for the job. Many architects do this, of course, to help define rooms and/or let surprising light down into the deepest part of a plan. Kennihan does the latter at the Shandon House and at Kenilworth Park, where a sinuous profile is produced out of nowhere. He does the former at Harold's Cross House, among other places. At the Vita House Community Centre, he goes further, producing a serene, oval, dome-of-the-sky (see Lethaby for its history) over the meeting room with all signs of support vanished. And there are simpler sleights: at the Marino Park House, for example, a wall mirror turns a half-circular skylight into a powerful, vertical cylinder of light, but only when viewed obliquely, meaning: you can never be *in* it.[21]

Restorations, it almost goes without saying, constitute many architects' primary business. These architects "bring back" old buildings, bombed buildings, long-neglected ones. Now, one wants to say: the architect rarely *destroys* them first, as a magician might, just in order (*voila!*) to restore them, but the public may well see it just that way, this as the scaffolding goes up, and the shrouds go up, and the hammering begins, and the shards start to fall and fill garbage trucks. Years may pass before the scaffolds are taken down and the shrouds are removed and there, in all its glory – indeed, "voila!" – stands the original building, young again, radiant.[22] Literally wonder-full weeks and months follow, for all.

Marino Park House, Erweiterung und Renovierung eines Hauses, Dublin, 2018
Marino House, extension and refurbishment of house, Dublin, 2018

20 …and sometimes lower, as with the picture-rail-height change of wall colour at the Vita House Community Centre, the idea being to paint a horizon of sorts, a line, above which the ceiling and upper wall zone unite to connote sky. The "trick" is not uncommon in pre-modern architectures.

21 Ah, mirrors: the magician-architect's best friend. No one was better at mirrors than Sir John Soane at his house in Lincoln Inn Fields. For a scientific account of what he did, see Danielle Willkens, "Clouds and Cataracts: Optical Experiments at Sir John Soane's Museum", *Technology | Architecture + Design*, No. 3/2, 2019, p. 211–220. Worth noting: Soane was also a Grandmaster Freemason, expert at the Craft.
More modestly and practically, by omitting a mirror behind the sink, Kennihan does two things: avoid dishwasher self-consciousness and avoid spatter and soap residue spots, which mirrors near sinks and showers amplify.

22 In Japan, old temples are regularly restored with such love and precision that gigantic metal hangars are built around them, utterly industrial and not cheap. Inside, the work continues year round until every original piece of the temple is replaced with a replica. This can take decades. Then the hangar vanishes.

hochgezogen werden, wenn das Hämmern beginnt, die Scherben fallen und sich die Bauschuttcontainer füllen. Es können Jahre vergehen, bis die Gerüste abgebaut und die Abdeckungen entfernt werden und das ursprüngliche Gebäude – ja, «voila!» – wieder in seiner ganzen jugendlichen Pracht erstrahlt.[22] Es folgen wahrlich wundervolle Wochen und Monate für alle.

In der Architektur werden *Wiederherstellungen* (Restaurierungen) oft mit *Verwandlungen* (Transformationen) kombiniert.[23] Die Schwierigkeit besteht darin, die magische Wirkung beider zu erhalten. Eine zu starke Verwandlung macht das Wunder der Wiederherstellung zunichte. Eine zu getreue Wiederherstellung macht das Wunder der Verwandlung zunichte. Kennihan ringt offensichtlich immer wieder mit diesen beiden Aspekten, was vor allem am Bealalaw House in Carlow und am Baltrasna House in Dublin deutlich wird. Das letztgenannte Projekt ist besonders resonant (ein Lieblingswort von Kennihan), denn anstatt eine Reihe verfallener Räume vollständig *wiederherzustellen,* lässt er ihre Steinmauern zum Himmel hin offen und *verwandelt* sie in umschlossene Gärten, die von einem wiedergeborenen Haus mit traditionellen Proportionen aus betrachtet werden können – neu, jung, stark, wie im Falle von Baltrasna.[24]

Kennihan ist bestrebt, die historischen und typologischen Ursprünge all seiner Arbeiten zu erläutern. Einen Teil dieser Arbeit erledigen die Gebäude selbst, aber er wird nicht müde, die Vergangenheit verbal lebendig zu halten. Das ist mehr als eine lehrerhafte Angewohnheit. Es ist selbst ein Akt der *Wiederherstellung,* und zwar um der Gemeinschaft willen.

Teleportationen (und doppelte Teleportationen, *Transpositionen* genannt) sind heute mit der drahtlosen digitalen Telekommunikation nahezu möglich. Man kann sich an mehreren Orten gleichzeitig aufhalten, über Bildschirme zumindest sehen und gesehen werden, über Mikrofone überall hören und gehört werden. Das Feuer dieses magischen, einst unheimlichen «Effekts» ist fast erloschen. Kinder empfinden ihn als normal. Doch wie schockiert wären wir – selbst Kinder –, wenn wir einem Doppelgänger oder einer Doppelgängerin begegnen würden? Oder einem zukünftigen Nachkommen? Etwas von dieser Unheimlichkeit versucht Kennihan mit zwei – einander quasi gegenüberliegenden – Gebäuden am westlichen und östlichen Rande Irlands zu transportieren. Das eine ist ein neoklassizistisches Gartenhaus in Dublin mit dem Namen Casino in Marino, das andere ein (von seinem Büro) geplantes neues Haus in Clifden. Das erste ist ein Wunderwerk der Täuschung im Hinblick auf seinen Massstab und die Nicht-Korrespondenz zwischen Äusserem und Innerem. Kennihan nennt es eine «Trickkiste»: Das scheinbar einräumige Gebäude beherbergt in Wirklichkeit sechzehn Räume. Das zweite Gebäude – von dem Kennihan ausdrücklich wünscht, dass es mit dem ersten «in Verbindung steht» und «eine Art Doppelgänger» ist, erweist sich ebenfalls als Trickkiste. Das Ergebnis – das Clifden House – strahlt etwas Unheimliches aus. Die oberen Räume erhalten ihr Licht nur durch geschwungene Eckfenster, es strahlt schwach in und zwischen die darunter liegenden Wohnräume. Diese Räume erstrecken sich endlos um

22 In Japan werden alte Tempel regelmässig mit so viel Liebe und Präzision restauriert, dass um sie herum gigantische Metallhallen errichtet werden, durch und durch industriell und wahrlich nicht billig. Im Inneren wird das ganze Jahr über gearbeitet, bis jedes Originalteil des Tempels durch eine Nachbildung ersetzt ist. Das kann Jahrzehnte dauern. Dann verschwindet die Umhüllung.

23 Ein Hinweis auf den Begriff «adaptive Wiederverwendung».

24 Wenn Architekturschaffende moderne Versionen älterer Gebäude entwerfen, können die neuen Gebäude als Abkömmlinge der älteren gesehen werden. Und das nicht nur in technischer, sondern auch formaler Hinsicht. Wenn es sich bei den älteren um lokale Gebäude handelt, die erst vor Kurzem verschwunden sind, und die neuen Gebäude von Einheimischen beurteilt werden, werden sie zu Menschen aus der Vergangenheit, an die man sich erinnert, die man wieder wachruft und umgestaltet. «Siehst du den jungen Johnny dort, der Fussball spielt? Er hat die Beine seines Grossvaters. (Er spielte für die Shamrock Rovers.) Und er hat die Entschlossenheit seiner Grossmutter. Sie hat nie aufgegeben!»
Ich habe bereits auf die Vorteile eines typologischen Entwurfs hingewiesen. Hier betrachten wir die Methode als persönlicher und gemeinschaftsorientierter, so wie Kennihan es tut – und zudem als magisch, zumindest in Bezug auf das Potenzial und Ergebnis.

In architecture, restorations are often combined with transformations.[23] The difficulty here is keeping the magical effect of both in play. Too much transformation undoes the "miracle" that is restoration/resurrection. Too faithful a restoration undoes the "miracle" that is transformation. We see Kennihan grappling with the two in several projects, most notably at the Bealalaw House in Carlow and the Baltrasna House in Dublin. The latter is especially resonant (a word Kennihan favours), for rather than *restore* a series of ruined rooms completely, he leaves their stone walls open to the sky and *transforms* them into enclosed gardens viewed from a reborn house of traditional proportions, new, young, sharp, perhaps a Baltrasna.[24]

Kennihan is assiduous in explaining the historical and typological origins of all of his work. The buildings do some of the work themselves, but he does not tire of keeping the past alive verbally. It's more than a teacherly habit. It is an act of *restoration* itself, for the sake of community.

Teleportations (and double teleportations, called *transpositions*) are almost accomplishable today with wireless digital telecommunications. One can be in several places at once, or at least, see and be seen, and hear and be heard anywhere via screens and microphones everywhere. The incandescence of this magical, once uncanny "effect" has dimmed. Children think it normal. And yet how shocked we would be – and even children would be – to meet a doppelganger. Or a future descendant. Something of this uncanniness is attempted by Kennihan with a pair of buildings on the opposite sides of Ireland, the first a neoclassical garden folly in Dublin called the Casino at Marino, the second a proposed new house (by his firm) in Clifden. The first is a marvel of deception of scale and exterior-interior non-correspondences. A "box of tricks", Kennihan calls it; an apparently one-room building that actually contains sixteen. The second, which Kennihan expressly hopes is "in communication with" and "a kind of double of" the first, is also a box of tricks. The result – the Clifden House – exudes uncanniness. Upper rooms are lit only by curved corner windows whose light spills weakly down to and between the living rooms below. These rooms revolve endlessly around a blocky core, their outer, inward-bulging walls smoothly occluding and revealing, occluding and revealing, geographically axial views to the outside. To my mind, this surreal, pavilion-like building has a David Lynchian rather than Palladian air.[25] It is brilliant, disturbing and arcane, made more so by the subterranean, trap-door-like connection Kennihan has made to the Casino ("little house") at Marino, symmetrically on the other side of the country, also a pavilion, of the same overall size. Ancestor? Double? Evil twin? The Casino's architect was William Chambers (1723–1796), a Freemason.

23 A curse on the term "adaptive re-use".

24 When architects design modern versions of older buildings, the new buildings can be seen as descendants of the older ones. And not just technically, formally. When the older ones are local and fairly recently gone, and the new ones are judged by locals, they become rather like people from the past, remembered, restored and transformed. "See young Johnny there, playing soccer? He has his grandfather's legs. (Played for the Shamrock Rovers.) And he has his grandmother's determination. She never quit!"
I remarked earlier upon the advantages of designing typologically. Here we consider the method as more personal and community-minded, as Kennihan does, as well as magical, at least in potential and result.

25 Colin Rowe's other seminal paper, "The Mathematics of the Ideal Villa", was required reading at Cornell.

einen blockartigen Kern; ihre nach innen gewölbten Aussenwände versperren die Sicht und geben sie über geografische Axialausblicke wieder frei, versperren sie und geben sie wieder frei. Mich erinnert dieses surreale pavillonartige Gebäude daher eher an David Lynch als an Palladio. Dieses Gebäude ist brillant, beunruhigend und geheimnisvoll, was noch verstärkt wird durch die unterschwellige, falltürartige Verbindung, die Kennihan zum Casino in Marino herstellt, das sich symmetrisch auf der anderen Seite des Landes befindet – ebenfalls ein Pavillon, und zwar von denselben Ausmassen. Vorläufer? Doppelgänger? Böser Zwilling? Der Architekt des Casinos war William Chambers (1723–1796), ein Freimaurer.

Wir haben nicht genug Raum, um alle in Wikipedia aufgeführten Effekte gründlich durchzugehen. Oberflächen, die sich (scheinbar) gegenseitig *durchdringen*, gehören zum Standardrepertoire moderner Architektinnen und Architekten – ein Effekt, den Colin Rowe indirekt in seinem bahnbrechenden Aufsatz «Transparency, Literal and Phenomenal» beschrieben hat.[25]

Abschliessend möchte ich jedoch einige Überlegungen zu dem anstellen, was vielleicht der wichtigste Effekt im magischen Wirken moderner Architekturschaffender ist, nämlich die *Vorhersage*. Die besten Architektinnen und Architekten sagen uns durch ihre Gebäude und Zeichnungen die Zukunft vorher, oder genauer: Sie sagen, wie eine bessere Zukunft aussehen wird. Wenn sie bauen, dann bauen sie nicht für das Jetzt oder gar für die Ewigkeit. Sie bauen für das, was kommen wird, dafür, wie das Leben aussehen würde, folgten wir ihrem Beispiel. Deshalb haben ihre Präsentationen auch etwas Hypnotisches.[26] Die Avantgarde der 1920er und 1930er Jahre mag aus Ärger über den Geschmack und die Moral der vorangegangenen Generation gehandelt haben,[27] und die heutige Avantgarde mag aus Ärger über eine umweltzerstörerische und sozial ungerechte Art der Architektur (oder sind es nur die Bauherrschaften?) agieren. Aber stets haben kulturell ambitionierte Architekturschaffende das Bedürfnis, ja sogar die Pflicht, uns zu zeigen, was kommen soll oder wird, wenn Gesellschaft und Technologie ihr fortschrittliches Denken verinnerlichen und umsetzen. Das ist die Zukunft!, sagte Tommaso Marinetti. Das ist sie, sagte Le Corbusier. «*Das* ist die Zukunft!», sagte Zaha Hadid. «Das ist es», sagt Bjarke Ingels.

Was sagt Kennihan, oder besser: Was sagen seine Gebäude? Dass die Zukunft bei den freundlichen und intelligenten Menschen liegt, bei denen, die gemeinschaftsbildend sind, bei den Handwerkerinnen und Handwerkern, bei jenen Menschen, die in aller Ruhe ihre Aufmerksamkeit auf das richten, was in ihrer Welt einfach wunderbar ist und was sie zu bewirken vermögen. Die Gebäude werden besser sein, als sie sein müssen. In ihnen werden Vergangenheit und Gegenwart, Logik und Magie koexistieren.

Meine Frage: Wo soll ich unterschreiben?

25 Colin Rowes ebenfalls bahnbrechendes Werk, *Die Mathematik der idealen Villa und andere Essays*, Basel/Boston 1998 (Original: *The Mathematics of the Ideal Villa and other Essays*, Cambridge/Massachusetts 1976) war Pflichtlektüre in Cornell.

26 Hypnotiseurinnen und Hypnotiseure werden natürlich oft mit Zauberinnen und Zauberern gleichgesetzt. Wikipedia führt deren typische Effekte nicht unter den magischen Effekten auf, könnte dies aber tun.

27 Julian Rosefeldts Film *Manifesto* (2015) mit Cate Blanchett ist eine brillante Interpretation ihrer aufrührerischen Texte.

We do not have room to go thoroughly through all the effects listed by Wikipedia. Surfaces (apparently) passing through each other – "penetrations" – are stock-in-trade for modern architects, an effect indirectly described by Colin Rowe in his seminal paper "Transparency, Literal and Phenomenal".

I should like to conclude, however, with some thoughts about what is perhaps the hallmark magical effect attempted by modern architects, namely, prediction. Through their buildings and drawings, the best architects *show us the future*, or more specifically, what a better future will look like. When they build, they do not build for now, or even for eternity. They build for what's coming, for how life would be if we followed their lead. That's why there's an element of hypnosis to their presentations.[26] The avant-garde of the 1920s and 30s may have acted in anger at the previous generation's tastes and morés,[27] and the avant-garde of today may be acting in anger at architecture's (or is it only developers'?) environmentally wasteful, socially unjust ways. But, as ever, culturally ambitious architects feel the need – indeed the duty – to show us what should or will be coming when society and technology catch up to their advanced understandings of things. *This* is the future! said Marinetti. *This* is it, said Le Corbusier. *This* is the future! said Zaha Hadid. *This* is it, says Bjarke Ingels.

What does Kennihan say, or rather, what do his buildings say? That the future lies with the kind and the intelligent, with the community-makers and the craftspeople, with people, unhurried, alert to whatever is quietly marvellous in their world as well as in their power to bring about. Buildings will be better than they have to be. In them, past and present, and logic and magic, will coexist.

I say: where do I sign?

26 Hypnotists are often classed with magicians, of course. Wikipedia does not include hypnotists' typical effects, but could.
27 Julian Rosenfeldt's 2015 film *Manifesto* with Cate Blanchett is a brilliant rendition of its incendiary texts.

2006	1	Templecarrig House, Neubau eines Landhauses, Wicklow (nicht gebaut)
		Killina Housing, Neubau dreier Häuser und eines Geschäfts, Offaly
2007	2	St. Jude's Residence, Erweiterung und Renovierung eines Landhauses, Galway
	3	Leaning Vault House, Neubau eines Landhauses, Galway (nicht gebaut)
		Harmony Avenue, Erweiterung und Renovierung eines Hauses, Dublin
		Rosslare Residence, Neubau eines Landhauses, Wexford (nicht gebaut)
		Iona Avenue, Erweiterung und Renovierung eines Hauses, Dublin
2008	4	Bayview House, Erweiterung und Renovierung eines Hauses, Dublin
2009	5	Bratislava House, Neubau eines Hauses, Bratislava (nicht gebaut)
2010	6	Loreto Abbey Gymnasium, Wettbewerbsbeitrag, Dublin (nicht gebaut)
		Clifden House, Neubau eines Landhauses, Galway (nicht gebaut)
2011	7	Sallymount Terrace, Erweiterung und Renovierung eines Hauses, Dublin
2013		Gemeindezentrum Vita House, umfangreiche Erweiterung und Renovierung eines geschützten öffentlichen Gebäudes, Roscommon
2014		Leagaun House, Neubau eines Landhauses, Galway
	8	Harold's Cross House, Erweiterung und Renovierung eines Hauses, Dublin
2015		Bealalaw House, umfangreiche Erweiterung und Renovierung eines Hauses, Carlow
		Meadowbrook Park, Erweiterung und Renovierung eines Hauses, Dublin
	9	Borris Pavilion, Installation für das *Festival of Writing and Ideas*, Carlow
		Corrib Road, Erweiterung und Renovierung eines Hauses, Dublin
		Capri Ard Mhuire, Erweiterung und Renovierung eines Hauses, Dublin
2016	10	Ailesbury Road, Wettbewerbsbeitrag, Dublin (nicht gebaut)
		Hunter's Walk, Erweiterung und Renovierung eines Hauses, Dublin
		Ballygaddy House, Neubau eines Landhauses, Galway (nicht gebaut)
		Ramleh Park, Erweiterung und Renovierung eines Hauses, Dublin
2017		Catherine's House, Erweiterung und Renovierung eines Hauses, Dublin
2018		Rue Boissière, Renovierung einer Wohnung, Paris
		Marino Park House, Erweiterung und Renovierung eines Hauses, Dublin
		Ballyvaughan House, Neubau eines Landhauses, Clare (nicht gebaut)
		Kenilworth Park, Erweiterung und Renovierung eines Hauses, Dublin
2019		Belmont House, Erweiterung und Renovierung eines Hauses, Dublin
	11	Flemingstown Park, Erweiterung und Renovierung eines Hauses, Dublin
2020		Shandon House, Erweiterung und Renovierung eines Hauses, Dublin
		Beach Road House, umfangreiche Erweiterung und Renovierung eines Landhauses, Galway
		Baltrasna House, Neubau eines Landhauses, Dublin
2021	12	Carlisle House, Erweiterung und Renovierung eines Hauses, Dublin

Laufende Projekte

Tulach, Erweiterung und Renovierung eines Hauses, Dublin
Manor Avenue Housing, Reihe von Neubauten, Dublin
Maganey House, umfangreiche Erweiterung und Renovierung eines Landhauses, Laois
Lindsay Road House, Erweiterung und Renovierung eines Hauses, Dublin
Hazel Residence, Neubau, Dublin
Station Road House, Erweiterung und Renovierung eines Hauses, Dublin
Dromlee House, Erweiterung und Renovierung eines Hauses, Dublin
Hauptsitz Na Píobairí Uilleann und Theater, umfangreiche Erweiterung und Renovierung eines denkmalgeschützten Gebäudes, Henrietta Street, Dublin (Wettbewerb 2009, 1. Preis)

1

2

3

4

5

6

7

8

9

10

11

12

LIST OF WORKS

Year	No.	Work
2006	1	Templecarrig House, new-build rural house, Wicklow (unbuilt)
		Killina Housing, three new-build houses and a shop, Offaly
2007	2	St. Jude's Residence, extension and refurbishment of rural house, Galway
	3	Leaning Vault House, new-build rural house, Galway (unbuilt)
		Harmony Avenue, extension and refurbishment of house, Dublin
		Rosslare Residence, new-build rural house, Wexford (unbuilt)
		Iona Avenue, extension and refurbishment of house, Dublin
2008	4	Bayview House, extension and refurbishment of house, Dublin
2009	5	Bratislava House, new-built house, Bratislava (unbuilt)
2010	6	Loreto Abbey Gymnasium, competition entry, Dublin (unbuilt)
		Clifden House, new-build rural house, Galway (unbuilt)
2011	7	Sallymount Terrace, extension and refurbishment of house, Dublin
2013		Vita House Community Centre, major extension and refurbishment of protected public building, Roscommon
2014		Leagaun Residence, new-build rural house, Galway
	8	Harold's Cross House, extension and refurbishment of house, Dublin
2015		Bealalaw House, major extension and refurbishment of house, Carlow
		Meadowbrook Park, extension and refurbishment of house, Dublin
	9	Borris Pavilion, installation for the Festival of Writing and Ideas, Carlow
		Corrib Road, extension and refurbishment of house, Dublin
		Capri Ard Mhuire, extension and refurbishment of house, Dublin
2016	10	Ailesbury Road, competition entry, Dublin (unbuilt)
		Hunter's Walk, extension and refurbishment of house, Dublin
		Ballygaddy House, new-build rural house, Galway (unbuilt)
		Ramleh Park, extension and refurbishment of house, Dublin
2017		Catherine's House, extension and refurbishment of house, Dublin
2018		Rue Boissière, refurbishment of apartment, Paris
		Marino House, extension and refurbishment of house, Dublin
		Ballyvaughan House, new-build rural house, Clare (unbuilt)
		Kenilworth Park, extension and refurbishment of house, Dublin
2019		Belmont House, extension and refurbishment of house, Dublin
	11	Flemingstown Park, extension and refurbishment of house, Dublin
2020		Shandon House, extension and refurbishment of house, Dublin
		Beach Road House, major extension and refurbishment of rural house, Galway
		Baltrasna House, new-build rural house, Dublin
2021	12	Carlisle House, extension and refurbishment of house, Dublin

Ongoing

Tulach, extension and refurbishment of house, Dublin
Manor Avenue Housing, series of new-build houses, Dublin
Maganey House, major extension and refurbishment of rural house, Laois
Lindsay Road House, extension and refurbishment of house, Dublin
Hazel Residence, new-build house, Dublin
Station Road House, extension and refurbishment of house, Dublin
Dromlee House, extension and refurbishment of house, Dublin
Na Píobairí Uilleann Headquarters and Theatre, major extension and refurbishment of protected building, Henrietta Street, Dublin (competition 2009, 1st prize)

BIOGRAFIE

1976	Geboren in Pittsburgh, Pennsylvania
1980–1995	Aufgewachsen in Chicago, Illinois
2001	Abschluss in Architektur, Cornell University
2001–2002	Mitarbeit bei Kuth Ranieri Architects, San Fransisco
2002	Auswanderung nach Irland
2002–2005	Mitarbeit bei Boyd Cody Architects, Dublin
2005–	Dozent an der Dublin School of Architecture, TU Dublin
2005–2006	Geschäftsführer von Boyer Kennihan Architects
2007–	Selbstständig mit Ryan W. Kennihan Architects
2013	Zertifizierung im Bereich Denkmalschutz
2014	Workshop-Leitung an der Porto Academy, Portugal
2017	Eingeladener Studioleiter an der Universidad de Navarra, Pamplona, Spanien

Ryan W. Kennihan, 2020
Ryan W. Kennihan, 2020

MITARBEITENDE

Aktuell	Jarek Adamczuk, Emma Kavanagh, Oisín Jacob, Isobel Jackson
Ehemalig	Colin Mac Suibhne, Laura Carroll, Ronan Costelloe, Conor Horgan, Elizabeth Gaynor, Breffni Greene, Matthew Webb, Rachel Cribbin, Andrew Burger

AUSZEICHNUNGEN

2006	*Architecture Association of Ireland Awards* (Besondere Erwähnung): St. Jude's Residence
	RIAI Architecture Awards (Besondere Erwähnung): St. Jude's Residence
2007	*Opus Design and Construction Award* (Gewinner: Best Building Under €1 million): St. Jude's Residence
2011	*RIAI Architecture Awards* (Gewinner: Best Emerging Practice Award / Lobende Erwähnung: Best House Extension)
	Architecture Association of Ireland Awards (Besondere Erwähnung): Sallymount Terrace
2014	*Architectural Association of Ireland Awards* (Preis): Vita House
	Architectural Association of Ireland Awards (Preis): Leagaun House
	Architectural Association of Ireland Awards (Preis): Harold's Cross House
	RIAI Architecture Awards (Lobende Erwähnung: Best House Extension): Harold's Cross House
	RIAI Architecture Awards (Lobende Erwähnung: Kategorie Best House): Leagaun House
2016	*RIAI Architecture Awards* (Lobende Erwähnung): Bealalaw House
	Architectural Association of Ireland Awards (Preis): Bealalaw House
2018	*RIAI Architecture Awards* (Preis: Best Extension): Catherine's Residence
2020	*RIAI Architecture Awards* (Lobende Erwähnung): Marino Park House
	RIAI Architecture Awards (Lobende Erwähnung): Kenilworth Park
2021	*AR New into Old Awards* (Lobende Erwähnung): Baltrasna House
	RIAI Architecture Awards (Preis: Best House): Baltrasna House
	RIAI Architecture Awards (Lobende Erwähnung): Beach Road House
	RIAI Architecture Awards (Erwähnung): Shandon House
	RIAI Architecture Awards (Sonderpreis: Research): Beach Road House
	RIAI Architecture Awards (Sonderpreis: Research): Baltrasna House
	Architectural Association of Ireland Awards (Preis): Beach Road House
	Architectural Association of Ireland Awards (Besondere Erwähnung): Shandon House
	EUMiesAwards (Nominierung): Beach Road House
	EUMiesAwards (Nominierung): Kenilworth Park

Biennale di Venezia, Hauptausstellung, Zentraler Pavillon, Giardini, *Close Encounter*
Venice Biennale*, Main Exhibition Central Pavilion, Giardini, *Close Encounter

AUSSTELLUNGEN

2009	*Royal Hibernian Academy Annual Exhibition*, Dublin, geladener Teilnehmer
2011	*Royal Hibernian Academy Annual Exhibition*, Dublin, geladener Teilnehmer
2012	*Made*, Gruppenausstellung, Ormeau Baths Gallery, Belfast, The Front Room, UCD Architecture, und Leitrim Culture Centre, Manorhamilton, Leitrim
2015	*New Horizon: Architecture from Ireland*, Design Museum of Chicago, Partner der Chicagoer Architekturbiennale
	Nine Lives, Design Museum Tank, London, London Festival of Architecture
	National Design & Craft Gallery, Kilkenny
2017	*Royal Hibernian Academy Annual Exhibition*, Dublin, geladener Teilnehmer
2019	*Close Encounter: Meetings with Remarkable Buildungs*, The Glucksman Gallery, Cork
2018	*Biennale di Venezia*, Hauptausstellung, Zentraler Pavillon, Giardini, *Close Encounter*
2018–2020	*Alternative Histories Associated. Drawing Matter*, London, Brüssel und Dublin

New Horizon: Architecture from Ireland, Design Museum of Chicago, Partner der Chicagoer Architekturbiennale
***New Horizon: Architecture from Ireland*, Design Museum of Chicago, partner to the Chicago Architecture Biennial**

BIOGRAPHY

1976	Born in Pittsburgh, Pennsylvania
1980–1995	Matured in Chicago, Illinois
2001	Graduate in Architecture, Cornell University
2001–2002	Worked with Kuth Ranieri Architects, San Fransisco
2002	Emigrated to Ireland
2002–2005	Worked with Boyd Cody Architects
2005–	Lecturer at Dublin School of Architecture at T.U. Dublin
2005–2006	Principal of Boyer Kennihan Architects
2007–	Ryan W. Kennihan Architects
2013	Certification in Architecture Conservation
2014	Workshop Lead at Porto Academy
2017	Invited Studio Leader at UNAV Pamplona

EMPLOYEES

Current	Jarek Adamczuk, Emma Kavanagh, Oisín Jacob, Isobel Jackson
Former	Colin MacSuibhne, Laura Carroll, Ronan Costelloe, Conor Horgan, Elizabeth Gaynor, Breffni Greene, Matthew Webb, Rachel Cribbin, Andrew Burger

AWARDS

2006	*Architecture Association of Ireland Awards* (Special Mention): St. Jude's Residence
	RIAI Architecture Awards (Special Mention): St. Jude's Residence
2007	*Opus Design and Construction Award* (Winner Best Building Under €1 million): St. Jude's Residence
2011	*RIAI Architecture Awards* (Winner of the Best Emerging Practice Award / Highly Commended for the Best House Extension)
	Architecture Association of Ireland Awards (Special Mention): Sallymount Terrace
2014	*Architectural Association of Ireland Awards* (Award): Vita House
	Architectural Association of Ireland Awards (Award): Leagaun House
	Architectural Association of Ireland Awards (Award): Harold's Cross House
	RIAI Architecture Awards (Highly Commended in Best House Extension): Harold's Cross House
	RIAI Architecture Awards (Highly Commended in Best House Category): Leagaun House
2016	*RIAI Architecture Awards (*Highly Commended): Bealalaw House
	Architectural Association of Ireland Awards (Award): Bealalaw House
2018	*RIAI Architecture Awards (*Award for Best Extension): Catherine's Residence
2020	*RIAI Architecture Awards* (Highly Commended): Marino Park
	RIAI Architecture Awards (Highly Commended): Kenilworth Park
2021	*AR New into Old Awards* (Highly Commended): Baltrasna House
	*RIAI Architecture Awards (*Award for Best House): Baltrasna House
	*RIAI Architecture Awards (*Highly Commended House): Beach Road House
	RIAI Architecture Awards (Commended): Shandon House
	RIAI Architecture Awards (Special Award for Research): Beach Road House
	RIAI Architecture Awards (Special Award for Research): Baltrasna House
	Architectural Association of Ireland Awards (Award): Beach Road House
	Architectural Association of Ireland Awards (Special Mention): Shandon House
	EUMiesAwards (Nominated): Beach Road House
	EUMiesAwards (Nominated): Kenilworth Park

EXHIBITIONS

2009	*Royal Hibernian Academy Annual Exhibition,* invited exhibitioner
2011	*Royal Hibernian Academy Annual Exhibition,* invited exhibitioner
2012	*Made* (group exhibition), Ormeau Baths Gallery, Belfast, The Front Room, UCD Architecture, and Leitrim Culture Centre, Manorhamilton, Leitrim
2015	*New Horizon, Architecture from Ireland,* Design Museum of Chicago, partner to the Chicago Architecture Biennial
	Nine Lives, Design Museum, London Festival of Architecture
	National Design & Craft Gallery, Kilkenny
2017	*Royal Hibernian Academy Annual Exhibition,* selected exhibitioner
2019	*Close Encounter,* The Glucksman Gallery, Cork
2018	*Venice Biennale,* Main Exhibition Central Pavilion, Giardini, Close Encounter
2018–2020	*Alternative Histories Associated*, Drawing Matter, London, Brussels and Dublin

BIBLIOGRAFIE

2003	Ryan Kennihan, «On An Asylum», in: *Building Material,* Nr. 10, S. 50–59
2009	Charles Duggan, «No. 16 Henrietta Street – Open-Ideas Design Competition», in: *The Year In Architecture – RIAI,* Nr. 243, S. 48
2011	«Best Emerging Practice», in: *The RIAI Annual Review,* Nr. 2, S. 126–129
2012	Oliver Wainwright, «First Look: 16 Henrietta Street, Dublin», in: *Building Design,* Nr. 2010, S. 4
2013	Hugh Strange, «Sallymount Terrace, Dublin», in: *Building Design,* Nr. 2073
2014	Paul Dillon, «Leagaun House – A Proud and Progressive Tradition», in: *Irish Architecture – The RIAI Annual Review,* Nr. 5, S. 98–101
	«Vita House», in: *Architecture Ireland,* Nr. 6, S. 48–49
	«Extension at Harold's Cross», in: *Architecture Ireland,* Nr. 6, S. 50–51
2015	«Private House in Galway», in: *A+D,* Nr. 44, S. 8–13
	Ryan Kennihan, «A Dulwich Double», in: Jantje Engels (Hrsg.), *Building Upon Building,* S. 90–93
	«Ryan W. Kennihan Architects», in: *New Horizon – Architecture from Ireland,* S. 22–25
2017	«Extension of a Private House in Carlow», in: *A+D,* Nr. 49, S. 20–25
2019	«Kenilworth Park», in: *The Architectural Review,* Nr. 1462, S. 67
	Ryan Kennihan: «Ryan W. Kennihan on John Nash's Elevations for Langham House (1812)», in: *Startha* Éagsula: *Éagsula: Alternative Histories,* Drawing Matter, S. 38–41
	«fig. 78», in: *Alternative Histories,* Drawing Matter
2021	Ryan Kennihan, «Architecture and Resonance: A 501 Word Case for Communicative Architecture», in: *Resilience and Joy: Porto Academy 2013–2020,* S. 210–213
	Dominic Stevens, «Beach Road House», in: *Architecture Ireland,* Nr. 316, S. 32–29
	Lisa Godson, «Baltrasna House», in: *The Architectural Review,* Nr. 1483, S. 18–25
	Ryan Kennihan, «Detail – Shandon House», in: *Architecture Ireland,* Nr. 318, S. 90–91

AUTORENBIOGRAFIEN

	Lisa Godson
1970	Geboren in Dublin, Irland
1994	BA, University of Dublin, Trinity College
1998	MA in Designgeschichte, Royal College of Art / Victoria & Albert Museum, London
1999	Lehrauftrag, Dublin Institute of Technology
1999–2005	Wöchentliche Kolumne und Beiträge über Design und Architektur in *The Sunday Times* (Irland-Ausgabe)
2003	Lehrbeauftragte im Fachbereich Critical & Historical Studies, Royal College of Art, London
2008	PhD, Royal College of Art, London
2008–	Dozentin, Leiterin des Pogramms Design History and Material Culture, National College of Art and Design, Dublin
2010	Recherche zu und Konzeption des preisgekrönten Dokumentarfilms *Build Something Modern* über die Architektur der Moderne in Westafrika
2017–2020	Forschungsstipendiatin, Trinity College Dublin
1999–	Herausgeberin von 6 Büchern, Veröffentlichung von über 300 Artikeln und Aufsätzen

	Michael Benedikt
1946	Geboren in Adelaide, Australien
1970	B.Arch., University of Witwatersrand, Südafrika
1970–1973	Mitarbeit bei E. I. Graff Architects, Johannesburg
1975	M.E.D., Yale University
1975–	Professor für Architektur, University of Texas, Austin
1980–	Geschäftsführer, Michael Benedikt & Associates
1992–	Hal-Box-Lehrstuhl für Urbanistik, University of Texas, Austin
1992–2020	Leiter des Center for American Architecture & Design, University of Texas
2004–	Ausserordentliche Professur an der Association of Collegiate Schools of Architecture (ACSA), Washington
1991–	Autor von 6 Büchern, Herausgeber von 15 Büchern (mit eigenen Beiträgen), Veröffentlichung von über 100 Aufsätzen und Artikeln

BIBLIOGRAPHY

2003	Ryan Kennihan: "On An Asylum". In: *Building Material*, Issue 10, p. 50–59
2009	Charles Duggan: "No. 16 Henrietta Street – Open-Ideas Design Competition". In: *The Year In Architecture – RIAI*, Issue 243, p. 48
2011	"Best Emerging Practice". In: *The RIAI Annual Review*, Vol. 2, p. 126–129
2012	Oliver Wainwright: "First Look: 16 Henrietta Street, Dublin". In: *Building Design*, Issue 2010, p. 4
2013	Hugh Strange: "Sallymount Terrace, Dublin". In: *Building Design*, Issue 2073
2014	Paul Dillon: "Leagaun House – A Proud and Progressive Tradition". In: *Irish Architecture – The RIAI Annual Review*, Vol. 5, p. 98–101
	"Vita House". In: *Architecture Ireland*, Issue 6, p. 48–49
	"Extension at Harold's Cross". In: *Architecture Ireland*, Issue 6, p. 50–51
2015	"Private House in Galway". In: *A+D*, Issue 44, p. 8–13
	Ryan Kennihan: "A Dulwich Double". In: Jantje Engels (Ed.): *Building Upon Building*, p. 90–93
	"Ryan W. Kennihan Architects". In: *New Horizon – Architecture from Ireland*, p. 22–25
2017	"Extension of a Private House in Carlow". In: *A+D*, Issue 49, p. 20–25
2019	"Kenilworth Park". In: *The Architectural Review*, Issue 1462, p. 67
	Ryan Kennihan: "Ryan W. Kennihan on John Nash's Elevations for Langham House (1812)". In: *Startha Éagsula: Alternative Histories*, Drawing Matter, p. 38–41
	"fig.78". In: *Alternative Histories*, Drawing Matter
2021	Ryan Kennihan: "Architecture and Resonance: A 501 Word Case for Communicative Architecture". In: *Resilience and Joy: Porto Academy 2013–2020*, p. 210–213
	Dominic Stevens: "Beach Road House". In: *Architecture Ireland*, Issue 316, p. 32–29
	Lisa Godson: "Baltrasna House". In: *The Architectural Review*, Issue 1483, p. 18–25
	Ryan Kennihan: "Detail – Shandon House". In: *Architecture Ireland*, Issue 318, p. 90–91

AUTHORS' BIOGRAPHIES

	Lisa Godson
1970	Born in Dublin, Ireland
1994	BA, University of Dublin, Trinity College
1998	MA, History of Design, Royal College of Art/Victoria & Albert Museum, London
1999	Tenured Lecturer, Dublin Institute of Technology
1999–2005	Weekly Columnist and feature writer on Design and Architecture, *The Sunday Times* (Ireland edition)
2003	Tutor in Critical and Historical Studies, Royal College of Art, London
2008	PhD, Royal College of Art, London
2008–	Lecturer, Programme Leader in Design History and Material Culture, National College of Art and Design
2010	Researched and conceptualised award-winning feature documentary *Build Something Modern* on modernist architecture in West Africa.
2017–2020	Visiting Research Fellow, Trinity College Dublin
1999–	Edited 6 books, 300+ articles and essays

	Michael Benedikt
1946	Born in Adelaide, Australia
1970	B.Arch., University of Witwatersrand, South Africa
1970–1973	Assistant Architect, E. I. Graff Architects, Johannesburg.
1975	M.E.D. Yale University
1975–	Professor of Architecture, University of Texas at Austin
1980–	Principal, Michael Benedikt & Associates
1992–	Hal Box Chair in Urbanism
1992–2020	Director, Center for American Architecture and Design
2004–	Association of Collegiate Schools of Architecture (ACSA) Distinguished Professor
1991–	6 authored books, 15 edited books with contribution, over 100 essays and articles

FINANZIELLE UND IDEELLE UNTERSTÜTZUNG

Ein besonderer Dank gilt den Institutionen und Sponsorfirmen, deren finanzielle Unterstützungen wesentlich zum Entstehen dieser Buchreihe beitragen. Ihr kulturelles Engagement ermöglicht ein fruchtbares und freundschaftliches Zusammenwirken von Baukultur und Bauwirtschaft.

FINANCIAL AND CONCEPTUAL SUPPORT

Special thanks to our sponsors and institutions whose financial support has helped us so much with the production of this series of books. Their cultural commitment is a valuable contribution to fruitful and cordial collaboration between the culture and economics of architecture.

Schweizerische Eidgenossenschaft
Confédération suisse
Confederazione Svizzera
Confederaziun svizra

Eidgenössisches Departement des Innern EDI
Bundesamt für Kultur BAK

CEDRAL

Etex Ireland Ltd., Athy

Ryan W. Kennihan – Dublin
25. Band der Reihe De aedibus international
Herausgeber: Heinz Wirz, Luzern
Konzept: Heinz Wirz; Ryan W. Kennihan Architects, Dublin
Projektleitung Verlag: Linus Wirz
Projektleitung Ryan W. Kennihan Architects: Emma Kavanagh
Textbeiträge: Lisa Godson, Dublin; Michael Benedikt, Austin
Objekttexte: Ryan W. Kennihan Architects
Textlektorat deutsch: Dr. Britta Schröder, schroeder-works.de, Bad Nauheim
Textlektorat englisch: Benjamin Liebelt, Berlin
Übersetzung englisch – deutsch: Miriam Seifert-Waibel, Hamburg
Fotos: Ryan W. Kennihan, Dublin, S. 16, 23, 34 (links), 38 (oben), 48 (links), 56 (oben), 62 (oben), 74, 82 (oben), 104/105 (Nr. 4, 9); Emma Kavanagh, Dublin, S. 7, 40, 66; Aisling McCoy, Dublin, S. 9, 11, 32, 33, 34 (rechts), 47, 48 (rechts), 49–53, 92, 96, 99; Alice Clancy, Dublin, S. 13, 54, 55, 56 (unten), 58–61, 62 (unten), 63, 64, 72–79, 104 (Nr. 7, 8); Shantanu Starick, Dublin, S. 14, 15, 17–22, 25–31, 105 (Nr. 11, 12); Ros Kavanagh, Dublin, S. 104 (Nr. 2)
Illustrationen: Ryan W. Kennihan Architects, S. 36–45, 67, 70–71, 80–81, 82 (unten), 104/105 (Nr. 1, 3, 5, 6, 10); Creative Commons, S. 90, 91
Pläne: Ryan W. Kennihan Architects
Redesign: BKVK, Basel – Beat Keusch, Angelina Köpplin-Stützle
Grafische Umsetzung: Quart Verlag Luzern
Lithos: Printeria, Luzern
Druck: DZA Druckerei zu Altenburg GmbH

© Copyright 2022
Quart Verlag Luzern, Heinz Wirz
Alle Rechte vorbehalten
ISBN 978-3-03761-254-5

Ryan W. Kennihan – Dublin
Volume 25 of the series De aedibus international
Edited by: Heinz Wirz, Lucerne
Concept: Heinz Wirz; Ryan W. Kennihan Architects, Dublin
Project management, publisher: Linus Wirz
Project management, Ryan W. Kennihan Architects: Emma Kavanagh
Articles by: Lisa Godson, Dublin; Michael Benedikt, Austin
Project descriptions: Ryan W. Kennihan Architects
German text editing: Dr. Britta Schröder, schroeder-works.de, Bad Nauheim
English text editing: Benjamin Liebelt, Berlin
English – German translation: Miriam Seifert-Waibel, Hamburg
Photos: Ryan W. Kennihan, Dublin, p. 16, 23, 34 (left), 38 (top), 48 (left), 56 (top), 62 (top), 74, 82 (top), 104/105 (Nos. 4, 9); Emma Kavanagh, Dublin, p. 7, 40, 66; Aisling McCoy, Dublin, p. 9, 11, 32, 33, 34 (right), 47, 48 (right), 49–53, 92, 96, 99; Alice Clancy, Dublin, p. 13, 54, 55, 56 (bottom), 58–61, 62 (bottom), 63, 64, 72–79, 104 (Nos. 7, 8); Shantanu Starick, Dublin, p. 14, 15, 17–22, 25–31, 105 (Nos. 11, 12); Ros Kavanagh, Dublin, p. 104 (No. 2)
Illustrations: Ryan W. Kennihan Architects, p. 36–45, 67, 70–71, 80–81, 82 (bottom), 104/105 (Nos. 1, 3, 5, 6, 10); Creative Commons, p. 90, 91
Plans: Ryan W. Kennihan Architects
Redesign: BKVK, Basel – Beat Keusch, Angelina Köpplin-Stützle
Graphic design: Quart Verlag Luzern
Lithos: Printeria, Lucerne
Printing: DZA Druckerei zu Altenburg GmbH

© Copyright 2022
Quart Verlag Luzern, Heinz Wirz
All rights reserved
ISBN 978-3-03761-254-5

Der Quart Verlag wird vom Bundesamt für Kultur für die Jahre 2021–2024 unterstützt.

Quart Publishers is being supported by the Federal Office of Culture for the years 2021–2024.

Quart Verlag GmbH
Denkmalstrasse 2, CH-6006 Luzern
books@quart.ch, www.quart.ch

De aedibus international
Zeitgenössische Architekturschaffende und ihre Bauten

De aedibus international
Contemporary architects and their buildings

25 Ryan W. Kennihan – Dublin (de/en)
24 Florian Nagler Architekten – München (de/en)
23 Nomos – Genève/Madrid/Lisboa (de/en, es/fr)
22 bergmeisterwolf – Brixen/Bressanone (de/en, de/it)
21 AFF – Berlin/Lausanne (de/en)
20 Onsitestudio – Mailand/Milan (de/en)
19 a2o architecten – Brüssel/Hasselt (de/en)
18 Schulz und Schulz – Leipzig (de/en)
17 bernardo bader architekten – Bregenz (de/en)
16 Schenker Salvi Weber – Wien (de/en)
15 Henley Halebrown – London (de/en)
14 Walter Angonese – Kaltern/Caldaro (de/en)
13 architecten de vylder vinck taillieu – Gent (de/en)
12 De Smet Vermeulen architecten – Gent (de/en; nl/fr)
11 Uwe Schröder – Bonn (de/en)
10 Stephen Taylor Architects – London (de/en)
9 Titus Bernhard Architekten – Augsburg (de/en)
8 Dietrich|Untertrifaller – Bregenz (de/en)
7 Geurst & Schulze Architecten – Den Haag (de/en)
6 Wingender Hovenier Architecten – Amsterdam (de/en)
5 Tony Fretton Architects – London (de/en)
4 Jonathan Woolf Architects – London (de/en)
3 Hufnagel Pütz Rafaelian – Berlin (de/en)
2 Hild und K – München (de/en)
1 Stanton Williams – London (de/en)

books@quart.ch, www.quart.ch